앤디 파크의
겸손

앤디 파크의 겸손
Living in Humility — Following the Humble King

초판 1쇄 발행 | 2023년 12월 15일

지은이 | 앤디 파크(Andy Park)

번 역 | 가진수
펴낸곳 | ㈜글로벌워십미니스트리
편 집 | 편집팀
디자인 | 조성윤

전 화 | 070) 4632-0660
팩 스 | 070) 4325-6181
등록일 | 2012년 5월 21일
등 록 | 제387-2012-000036호
이메일 | wlm@worshipleader.kr

판권소유 ⓒ 도서출판 워십리더 2023
값 20,000원

ISBN 979-11-88876-58-7 03230

"도서출판 워십리더는 교회와 예배의 회복과 부흥을 위해 세워졌습니다. 예배전문 출판사로서 세계의 다양한 예배의 컨텐츠를 담아 문서선교의 사명을 감당할 것입니다. 한국교회의 목회자, 워십리더, 예배세션뿐만 아니라 모든 크리스천들이 하나님의 임재를 경험할 수 있도록 열정을 다하고 있습니다."

「이 책의 판권은 "Three Trees Publishing"의 Andy Park와의 독점 저작권 계약을 한 ㈜글로벌워십미니스트리에 있습니다. 신 저작권법에 의해 한국 내에서 보호받는 저작물이므로 어떤 사유로도 무단전제와 복제를 할 수 없습니다.」

(Printed in Korea)

Three Trees Publishing
www.andypark.ca
E-mail: info@andypark.ca

©2018 Andy Park
All rights reserved.

Scripture quotations marked (NIV) are taken from the Holy Bible, New International Version®, NIV®. Copyright © 1973, 1978, 1984, 2011 by Biblica, Inc.™ Used by permission of Zondervan. All rights reserved worldwide. www.zondervan.com The "NIV" and "New International Version" are trademarks registered in the United States Patent and Trademark Office by Biblica, Inc.™

Scripture quotations marked (NLT) are taken from the Holy Bible, New Living Translation, copyright ©1996, 2004, 2015 by Tyndale House Foundation. Used by permission of Tyndale House Publishers, Inc., Carol Stream, Illinois 60188. All rights reserved.

Scripture quotations marked MSG are taken from *THE MESSAGE*, copyright © 1993, 1994, 1995, 1996, 2000, 2001, 2002 by Eugene H. Peterson. Used by permission of NavPress. All rights reserved. Represented by Tyndale House Publishers, Inc.

Scripture quotations marked (CEV) are from the Contemporary English Version Copyright © 1991, 1992, 1995 by American Bible Society, Used by Permission.

Scriptures marked KJV are taken from the KING JAMES VERSION (KJV): KING JAMES VERSION, public domain.

Scripture quotations marked (ESV) are from The ESV® Bible (The Holy Bible, English Standard Version®), copyright © 2001 by Crossway, a publishing ministry of Good News Publishers. Used by permission. All rights reserved.

Scripture taken from the NEW AMERICAN STANDARD BIBLE®, Copyright ©1960, 1962, 1963, 1968, 1971, 1973, 1975, 1977, 1995 by The Lockman Foundation. Used by permission.

Every effort has been made to properly notate all references to published works. The author will be happy to rectify any omissions in future editions if notified by copyright holders.

"보좌로부터" "아버지, 주 나의 기업되시네" "은밀한 곳, 조용한 곳에"의
앤디 파크가 참된 삶을 위한 예배자들에게 필요한 겸손을 말하다

앤디 파크의
겸손

Living in Humility

앤디 파크 Andy Park

worshipleader 워십리더

추천사

"저는 앤디 파크를 수십 년 동안 알고 지냈습니다. 그는 높고, 거짓이 없고, 억지로 꾸미지 않은 드문 사람이며, 그 경건한 성품의 핵심은 바로 겸손입니다. 지금 이 순간에도 정치인, 배우, 운동선수, 최고 경영자 중 이런 말을 하는 사람은 거의 찾아볼 수 없습니다. "나는 마음이 온유하고 겸손합니다." 하지만 앤디는 우리에게 그런 사람들을 소개합니다. 예수님의 삶은 겸손은 자신에 대한 어두운 '아니오'가 아니라 하나님에 대한 밝은 '예'를 통해 가장 잘 길러진다는 것을 가르쳐 줍니다. 거꾸로 생각해 보면 겸손에는 맥락도, 의미도, 목표도 없습니다. '겸손'을 읽어 보십시오. 겸손의 왕국적 가치와 겸손을 추구하기 위한 지침을 모두 발견할 수 있을 것입니다."

토드 헌터(Todd Hunter) 주교,
캘리포니아 코스타 메사 홀리 트리니티 성공회 교회 목사

"첫 번째 왕좌가 구유였던 왕, 나환자들을 만지셨던 거룩하신 분, 마지막 몇 시간을 바닥에서 발을 씻기셨던 스승, 마지막에 조롱과 비웃음 속에 들어 올려지신 구세주를 따르고 싶다면 이 책을 읽어보십시오. 앤디 파크는 이 책에서 성경, 성도, 성령, 그리고 궁극적으로 겸손

이 성육신하신 분과 여러분의 마음이 씨름할 수 있는 장을 만들었습니다."

레스터 루스(Lester Ruth),
듀크 신학교 기독교 예배학 연구 교수

"자원봉사자들과 함께 도시 선교 사역의 창립자로서 저는 주변 사람들을 겸손하게 섬기는 수천 명의 사람들을 만났지만, 앤디 파크만큼 겸손한 사람은 없었습니다. 그는 정말 특별한 방식으로 '겸손'이라는 단어에 손과 발과 마음을 쏟았습니다. 그의 책은 우리 자신과 주변 사람들의 삶을 변화시키는 방식으로 겸손을 배우고 실천하도록 독자를 초대합니다. 앤디는 이 책에서 "사람들은 당신이 사랑과 겸손의 특성을 지니고 있기 때문에 당신에 대해 특별한 무언가를 알아차릴 것입니다."라고 썼습니다. 그 '특별한 무언가'가 바로 저와 제 직원들, 그리고 '나이트시프트 스트리트 미니스트리'에서 봉사하는 훌륭한 자원봉사자들과 함께 이 책을 꼭 읽어야 하는 이유입니다."

메리앤 코너(MaryAnne Conner),
'나이트시프트 스트리트 미니스트리' 설립자이자 회장

"이 책의 가장 좋은 점 중 하나는 앤디 파크가 다루고 있는 바로 그 문제를 실천하고 직접 본 사람이 썼다는 점입니다. 그의 연약함을 통해 하나님의 영은 이 책을 통해 제가 놓치고 있던 지도력과 인격의 영역에 도전하도록 사용하셨습니다. 앤디는 개인적인 이야기와 다른 사람들의 삶의 이야기, 그리고 탄탄한 성경적 가르침을 통해 하나님이 누구신지를 증거하는 이 덕목에 대한 깊은 감각을 키우도록 우리를 독려합니다. 이 책을 묵상하며 기도하는 마음으로 읽어보시기를 권합니다."

카메론 록스버그(Cameron Roxburgh) 박사,
사우스사이드 커뮤니티 교회 담임목사, 포지 캐나다 이사

"그는 신간인 『겸손』에서 예수님의 성품과 초대에 놀랍도록 적절한 공명의 화음을 들려줍니다. 오늘날의 빠르고 가벼운 문화의 모든 소음과 허풍 속에서, 이 책은 예수님의 방식인 단순한 겸손으로 돌아가야 한다는 절실한 요청을 우리에게 하고 있습니다."

크리스 맥퀸(Kris McQueen),
빈야드 목사 겸 작곡가, 캐나다 빈야드의 크리에이티브 카탈리스트

"'겸손'을 읽기 시작하자마자 책을 내려놓고 싶지 않았습니다. 이 책은 창의적으로 표현되어 있으며 건전한 성경적 가르침으로 우리에게 지적인 도전을 줄 뿐만 아니라 우리 자신의 마음을 돌아보도록 합니다. 앤디는 자신을 독자들에게 취약하게 만들어 영적 아버지로서 많은 지혜를 전합니다. 이 책은 우리가 살고 있는 시대에 꼭 필요한 책이며 반드시 읽어야 할 책입니다."

루스 루서(Ruth Rousu),
전 에드먼턴 하베스트 빈야드 목사, 캐나다 빈야드 위원

"앤디 파크는 자신의 인생 경험을 바탕으로 이야기와 그림을 통해 겸손에 대한 생생한 그림을 그리며 동시에 겸손을 직면하게 하고 끌어당깁니다. 모든 페이지에서 우리는 예수를 따르는 사람이 된다는 것은 영원한 겸손의 학교에 등록하는 것을 의미한다는 것임을 상기시킵니다. 이 책은 우리 삶의 모든 영역에서 반문화적인 예수님의 방식에 '예'라고 대답하도록 만들어줍니다."

매트 다우니(Matte Downey) 박사,
몬트리올 빈야드 교회 목사

이 책은 다음을 위해 헌정되었습니다.

—
—
—
—
—

우리의 겸손한 왕인
예수님을 진심으로 따르는
전 세계의 모든 사람을 위해

날마다 그분을 따를 때
그분의 강력한 은혜와
그분의 무조건적인 사랑을
당신이 알기를

목차

추천사 · 06

감사의 글 · 11

1장	의인화된 겸손	16
2장	겸손의 좋은 토양	38
3장	사막에서 하나님을 찾다	50
4장	겸손한 사람은 의에 굶주립니다	66
5장	하나님께 '예'라고 말하는 십대 소녀	82
6장	예수님처럼 행동하기	100
7장	세 명의 생명을 부어주심	114
8장	하나님의 인정을 받기 위한 삶	128
9장	주님을 자랑하십시오	144
10장	주님을 참을성 있게 기다리십시오	158

11장	겸손이 마음을 이깁니다	170
12장	가장자리로 향하는 은혜	184
13장	당신이 그렇게 말하다니 믿을 수 없습니다	196
14장	나는 그 흰색 배경이 싫습니다	208
15장	학습 기계가 되십시오	220
16장	팀 플레이어가 되십시오	230
17장	당신 안에 일하시는 하나님	246
18장	은혜롭게 늙어가기	260
19장	겸손의 길에 머물기	276

감사의 글

이 원고를 처음 부분과 마무리에 읽어주고, 편집에 대한 귀중한 의견을 주신 모든 친구들에게 감사를 표하고 싶습니다. 카렌 화이트(Karen White)와 다아시 화이트(Darcy White), 로이 반 데어 웨스투이젠(Roy van der Westhuizen), 크리스 맥퀸(Kris MacQueen), 매트 다우니(Matte Downey), 메리안 코너(Maryanne Connor)의 신중하고 현명한 관찰 덕분에 훨씬 더 나은 책이 되었습니다. 모두 통찰력 있는 도움을 주셨습니다!

이 프로젝트를 계속 진행할 수 있도록 격려해 주신 게리 베스트(Gary Best)에게 감사드립니다. 또한 올해 2월에 "다음 세대에 당신의 경험을 전수하기 위해 무엇을 하고 있나요?"라는 질문을 던져준 데브 렌다와(Dev Randhawa)에게도 감사합니다. 그 질문이 제가 앞으로 무엇을 해야 할지 고민하는 시작점이 되었고, 이 책을 쓰게 되었습니다.

마지막으로, 결혼 생활 내내 그리고 이 프로젝트에서 제가 가진 모든 것을 쏟아부을 수 있도록 격려해 준 아내 린다(Linda)에게 특별한 감사를 표합니다.

1장
의인화된 겸손

겸손이라는 단어는 사람마다 다양한 반응을 불러일으킵니다. 윌리엄 버나드 울라톤(William Bernard Ullathorne)은 "미덕 중에서 가장 덜 알려져 있고 가장 오해를 많이 받는 것이 겸손의 미덕이다"라고 썼습니다.

겸손한 사람이라고 하면 어떤 사람들은 우스꽝스러운 인물을 상상합니다. 조용한 사람, 종종 고개를 숙이고 자신감이 없으며 매우 소극적인 사람. 그는 한숨을 쉬며 "나는 그저 벌레에 불과하다"는 식의 태도를 취합니다. 30년이나 지난 옷을 입고 농담을 하거나, 재미있는 일을 하지 않으며 정말 지루한 성격을 가지고 있습니다.

이 겸손의 인물은 사실과 거리가 멀 수 있습니다. 겸손은 자신을 비하하는 것이 아니며, 다른 사람보다 불안하거나 부적절하거나 열등한 존재가 되는 것이 아닙니다. 겸손은 예수님과 다른 사람들과의 관계에서 하나님이 주신 자신의 위치를 받아들이는 것입니다.

겸손은 은혜의 으뜸입니다

겸손은 성격 유형이 아닙니다. 겸손은 모든 삶, 하나님과 사람에 대한 광범위한 방향성입니다. 역사를 통틀어 많은 저술가들이 겸손을 예수님을 따르는 가장 핵심적인 덕목으로 꼽았습니다. 19세기 남아프리카의 작가이자 목사였던 앤드류 머레이(Andrew Murray)는 이렇게 말했습니다. "하늘의 가장 큰 영광, 진정한 하늘의 마음, 은혜의 으뜸은 겸손입니다." 토마스 아 켐피스(Thomas a Kempis)는 "자신에 대한 진정한 이해와 겸손한 평가는 모든 교훈 중에서 가장 높고 가치 있는 것입니다."라고 썼습니다. 찰스 R. 스윈돌(Charles R. Swindoll)은 "위대함의 모든 특성을 한 단어로 요약한다면 그것은 겸손일 것이다."라고 말했습니다.

겸손이 필요하지 않은 삶의 영역은 단 하나도 없습니다. 하나님과 사람들과의 올바른 관계 속에서 하루하루를 살아가기 위해서는 주님과 사람들 앞에서 겸손한 자세를 취해야 합니다. 돌이켜보면 "하나님은 교만한 자를 대적하시지만 겸손한 자를 좋아하신다"는 말씀이 분명하게 다가옵니다. 저는 하나님이 저를 대적하는 것을 원하지 않습니다. 저는 제 삶에서 하나님의 은혜를 원합니다!

제임스 존슨과 모세: 의인화된 겸손

다음 장에서는 겸손에 대해 우리에게 많은 것을 가르쳐 줄 수 있는 각계각층의 많은 사람들을 살펴볼 것입니다. 성경 역사에서 '가장 겸손한 사람'이라고 불리는 사람은 모세뿐입니다. 신앙을 가진 많은 사람들은 모세에 대해 엄청난 존경심을 가지고 있습니다. 그는 분명 모범적인 인물입니다. 하지만 고대 역사에서 모세가 차지하는 독특하고 높은 위치 때문에 모세의 입장이 되어보기란 쉽지 않습니다.

현대의 모세는 어떤 모습일까요? 모세와 비슷한 특성과 경험을 많이 가진 20세기의 인물 제임스 존슨(James Johnson)의 이야기를 살펴보겠습니다.

제임스 존슨은 1947년에 태어나 조지아주 애틀랜타의 부유한 가정에서 자랐습니다. 그는 상류층 소년의 모든 특권을 누렸습니다. 그의 부모인 데니스 존슨(Dennis Johnson)과 실비아 존슨(Sylvia Johnson)은 그를 무척 사랑했습니다. 그도 그럴 것이 두 사람은 직접 아이를 가질 수 없었기 때문입니다. 제임스의 입양은 그들에게 큰 기쁨과 성취감을 가져다주었습니다. 제임스의 부모가 클라리스(Clarice)와 조나스(Jonas)라는 두 아이를 더 입양했을 때 그들의 기쁨은 배가 되었습니다.

제임스의 부모님은 기독교인이었고 가족은 정기적으로 교회에 출석했습니다. 2에이커(약 2,500평)에 달하는 부지에 테니스 코트, 농구 코트, 아이들이 원하는 모든 장난감이 있었습니다. 아이들은 돈으로 살 수 있는 최고의 보살핌과 음식, 교육을 받았습니다. 제임스는 쾌활하고 관대한 소년이었으며 열렬한 스포츠맨이었습니다. 사람들은 재미를 좋아하고 온화한 성격에 쉽게 우정을 쌓을 수 있는 제임스를 편안하게 여겼습니다. 일찍이 그는 농구 선수로서 올스타에 올랐습니다.

제임스는 열한 살 때 그의 재능을 알아본 사립 고등학교에서 농구를 했습니다. 8학년 때부터 제임스는 부유층과 빈민층을 막론하고 다양한 배경을 가진 소년들과 함께 뛰었습니다. 그는 몇 명의 팀 동료들과 세월이 흐르면서 매우 친밀한 우정을 쌓았습니다. 인종에 관해서는 제임스는 피부색을 보지 않는 것 같았습니다. 그는 백인이었고 흑인과 백인 친구 모두와 똑같이 편안하게 지냈습니다.

경기를 보러 다니고 학교에서 어울리던 중 제임스는 몇몇 친구의 가정 형편이 얼마나 가난한지 알고 충격을 받았습니다. 제임스는 친구들을 집에 초대해 함께 어울렸고, 친구들은 제임스의 집과 재산에 놀라움을 금치 못했습니다. 홀어머니 밑에서 자란 188cm의 포워드인 절친한 친구 마커스 윌슨(Markus Wilson)은 제임스의 입이 떡 벌어질 정도로 가난했던 자신의 이야기를 들려주었습니다.

제임스의 부모님은 애틀랜타 지역에서 호텔, 레스토랑, 세차장, 보관소 등 여러 사업체를 운영했습니다. 데니스는 부모님으로부터 몇 개의 호텔을 물려받아 공격적으로 사업을 확장하여 거대한 제국으로 성장시켰습니다.

진로에 대해 고민할 때가 되었을 때 제임스는 모든 종류의 선택지를 가지고 있었습니다. 아버지의 여러 가업을 물려받았기 때문에 관리직으로 가는 길은 쉬웠습니다. 하지만 제임스가 선택할 수 있는 길은 사업가만이 아니었습니다. 대학 농구 스카우트 담당자들이 그에게 전화를 걸어 학교에서 농구 선수로 활동할 수 있는 전액 장학금을 제공하겠다고 제안했습니다. 매우 매력적인 제안이었습니다.

열여섯 살이 되던 1963년 7월, 제임스는 청소년 집회에 참석했다가 주 예수님을 깊이 만나 인생을 바꾸는 경험을 하게 됩니다. 그는 생애 처음으로 하나님의 사랑을 느꼈습니다. 그는 항상 예수님을 믿었지만 하나님은 멀게만 느껴졌습니다. 하나님의 사랑에 대한 이 놀라운 계시

이후, 그의 이전 삶은 너무나 얕아 보였습니다. 최근까지 그는 자신의 계획, 미래, 선택 등 자기 자신에 대해서만 생각했습니다. 이제 그의 초점은 바깥으로 향했습니다. 그는 생명을 사랑하는 부모님, 훌륭한 양육 환경, 풍부한 자원 등 많은 것을 받았기 때문입니다. 어떻게 보답할 수 있을까요?

제임스가 성령을 만나 삶을 변화시킨 지 한 달 후, 그의 인생에 또 다른 중요한 순간이 찾아왔습니다. 그는 8월 28일에 열린 '일자리와 자유를 위한 워싱턴 행진'에서 마틴 루터 킹(Martin Ruther King) 목사의 '나에게는 꿈이 있습니다'라는 연설을 들었습니다.

연설에서 킹은 수백만 명의 노예가 해방된 1863년 노예해방선언을 언급했습니다. 그는 링컨 기념관 계단에서 25만 명의 청중에게 큰 소리로 선언했습니다. "100년이 지난 지금도 흑인은 여전히 자유롭지 못합니다." 킹의 꿈은 자유와 평등이 여전히 많은 미국인의 마음과 행동에 만연한 편견과 증오를 대체하는 것이었습니다. 이 연설은 제임스 존슨을 사로잡았습니다. 그는 킹 박사의 말 한마디 한마디에 귀를 기울였습니다. 다음 주에 제임스는 깊은 잠을 자다가 꿈을 꾸었습니다. 그는 자신이 백인과 흑인 등 다양한 청년들과 대화하는 일련의 장면을 보았습니다. 그는 자신이 이 젊은이들에게 격려와 가르침을 주는 말을 하는 것을 보았습니다. 그는 깨어났고 청년들의 고통스러운 표정을 기억할 수 있었습니다. 꿈에 대한 운명적인 느낌이 들었습니다. 꿈의 의미를 명확하게 해석할 수는 없었지만, 그의 미래에 대한 퍼즐의 또 다른 조각처럼 느껴졌습니다.

그 후 1년 동안 하나님과 함께 시간을 보내면서 그에게 깊은 소명 의식이 생겨나기 시작했습니다. 그는 어떻게든 하나님의 풍성한 사랑을 나누고 싶었습니다. 그는 친구인 마커스와 다른 팀원 몇 명과 함께 저소득층 지역 초등학생들을 위한 무료 농구 클리닉을 열기 시작했습니다. 그들은 즐거운 시간을 보냈고 아이들이 관심과 훈련에 얼마나 고마워하는지 보았습니다. 제임스는 "이것은 시작에 불과하다"고 생각했습니다.

제임스가 주님을 더 깊이 알아갈수록 하나님께서는 그의 과거의 기억과 상처, 죄악을 발굴해 내기 시작하셨습니다. 제임스는 자신의 친부모가 누구인지 궁금해지기 시작했습니다. 그의 양부모는 자신의 기원에 대해 자세히 알려 준 적이 없었습니다. 제임스가 부모님에게 이 문제에 대해 물었을 때 부모님은 더 이상 정보를 알려주기를 꺼려했습니다. 하지만 그들은 그에게 숨길 수 없다는 것을 깨달았습니다. 그래서 그들은 제임스의 생모가 10대 시절 연애에 빠진 젊은 여성이었다는 사실을 알려주었습니다. 그녀는 아이를 돌보기에 너무 어려서 제임스를 입양 보냈던 것입니다.

제임스는 생모를 찾는 과정을 거쳐 그녀를 만날 준비를 했습니다. 그녀는 조지아 북동쪽의 작은 시골 마을에서 온 캐롤라인(Caroline)이라는 다정한 여성이었습니다. 커피 한 잔을 마시며 함께 앉아 있던 캐롤라인은 제임스에게 가난하게 자랐고, 젊은 남자와 사랑에 빠져 10대에 임신을 하게 된 이야기를 들려주었습니다. 제임스는 생모의 소박한 집을 보고 자신의 특권적인 삶을 새로운 눈으로 바라보았습니다.

생모와의 재회 후 몇 주 동안 제임스는 봉사에 대한 하나님의 초청의 물결이 계속 밀려왔습니다. 그는 다른 사람을 이끄는 데 특별한 재능이 있다고 생각하지는 않았지만, 또래 친구들을 모아 어린 소년들에게 다가가는 데 성공한 것을 부정할 수는 없었습니다. 그의 마음 한구석에는 신이 보낸 것 같은 신호를 밀어내고 프로 스포츠 선수로 커리어를 쌓고 싶다는 생각도 있었습니다. 동시에 그는 정말 도움이 필요한 사람들을 돕고 싶었습니다. 그는 자신의 생모나 가족에게 겨우 두 푼의 돈밖에 없는 팀 동료 같은 사람들을 돕고 싶었습니다.

1965년은 민권 운동이 끓어오를 무렵이었습니다. 그해 봄, 약 600명의 민권 운동가들이 앨라배마에서 흑인 유권자 탄압에 항의하기 위해 행진했습니다. 제임스는 점점 더 사회에서 목격한 부끄러운 불평등에 사로잡혔습니다. 제임스는 피부색에 상관없이 가난한 가정을 돕고 싶다는 마음을 떨칠 수 없었습니다.

몇 달 동안 기도하고 목회자들의 조언을 구한 끝에 그는 인근 조지아 대학교에서 사회학을 공부하면서 농구를 하기로 결심했습니다. 또한 사회 정의에 대한 역사적 문제도 공부하기로 했습니다. 그의 부모님은 가업의 문이 활짝 열려 있는데 왜 사회학을 공부하려는지 이해할 수 없었지만, 그는 그 길을 가도록 허락했습니다. 그는 자신의 삶이 사람이 아니라 하나님을 기쁘시게 하는 것임을 깨닫기 시작했습니다. 부모님을 사랑하는 만큼, 그는 자신의 인생에 있어서도 하나님의 최선의 선택을 원했습니다.

바쁜 대학 시절, 그는 시간을 내어 더 많은 농구 캠프를 운영했고,

훈련 캠프에서 만난 어린 농구 선수들에게 자신의 신앙을 나누고 관계와 학업에서 앞으로 나아가기 위한 실질적인 조언을 해주었습니다. 그는 한 번에 한 번의 대화가 세상을 변화시키는 방법이라는 것을 깨달았습니다.

농구 캠프 중 한 번은 제임스가 인생에서 가장 큰 실수를 저질렀습니다. 마지막 세션에서 소년들은 실전 연습 경기에 참여했습니다. 코치들에게 깊은 인상을 남길 수 있는 마지막 기회였습니다. 소년들의 자존심이 걸려 있었습니다. 때로는 격렬한 신체 접촉으로 마치 축구 경기처럼 보이기도 했습니다. 감정이 격해지던 3쿼터에는 두 선수가 골 밑에서 서로 엉키면서 싸움이 벌어지기도 했습니다.

충돌로 쓰러진 백인 선수 샘 캠벨(Sam Campbell)은 흑인 선수 다리우스 브라운(Darius Brown)에게 인종 차별적인 욕설을 퍼붓기 시작했습니다. 제임스는 즉시 개입하여 싸움을 말리려고 했습니다. 샘은 물러서지 않고 분노에 찬 목소리로 "이 더러운 검둥아..."라고 계속 외쳤습니다. 제임스는 자신이 무슨 짓을 하고 있는지 알기도 전에 샘의 얼굴을 때려 바닥에 쓰러뜨렸습니다.

제임스는 자신의 폭력적인 반응에 대해 끔찍함을 느꼈고 즉시 샘에게 사과했습니다. 그는 샘과 샘의 아버지에게 사과의 편지를 쓰고 싸움으로 인한 치료비를 지불하겠다고 제안했습니다. 그는 샘의 아버지가 소송을 제기할지 초조하게 기다렸지만 아무 일도 일어나지 않았습니다.

제임스의 폭발적인 분노는 그가 인종 차별을 얼마나 싫어하는지 보여주었습니다. 마커스 윌슨과의 친밀한 우정과 미국 남부에서 벌어진 백인과 흑인 간의 끔찍한 충돌에 대한 뉴스 보도를 보면서 그는 아프리카계 미국인을 보호해야 한다는 생각을 갖게 되었습니다. 하지만 그는 또한 자신의 분노 문제를 해결해야 한다는 사실도 깨달았습니다.

학부 과정이 끝날 무렵, 제임스는 앞으로 무엇을 해야 할지 계속 고민했습니다. 4년 동안 대학 농구에서 올스타에 선정된 후 농구 코치들은 그에게 프로팀에 지명될 기회가 있다고 계속 말했습니다. 하지만 그는 그 꿈을 계속 붙잡고 있어야 할지 몰랐습니다. "내 뜻이 아니라 아버지의 뜻이 이루어지게 하옵소서"라는 기도를 자주 드렸습니다.

그는 힘도 없고, 목소리도 없고, 자신이나 가족을 보호할 방법도 없는 사람들을 도울 수 있는 변호사가 되어야 하는지 계속 고민했습니다. 가난한 사람들을 변호하고 백인이 아닌 사람들을 차별하는 법의 개혁을 위해 싸우는 것도 하나의 방법이 될 수 있었습니다. 그는 샘 캠벨 사건에서 인종 화합에 대한 열정을 심하게 오용했습니다. 하지만 제임스는 그 에너지를 긍정적인 방향으로 사용할 수 있을지도 모르는 일이었습니다.

제임스는 자신이 좋은 변호사가 되기 위한 자질을 갖추고 있는지 확신하지 못했습니다. 그는 공격적이거나 대립적이지도 않았고 명료하지도 않았습니다. 하지만 그는 열심히 일하는 방법을 알고 있었습니다. 어느 날 주님 앞에서 조용히 기다리던 그는 하나님께서 "내가 너와 함께 있으니 어린아이 같은 믿음으로 나를 믿어줄 수 있겠니?"라고 말씀하시는 것을 느꼈습니다. 몇 달 동안 기다리며 기도한 끝에 제임스는 법학을 공부하기로 결심했습니다. 그의 부모님은 법학을 공부하겠다는 그의 야망에 기뻐했지만, 사회 정의에 대한 계획에 대해서는 회의적이었습니다.

10년 후, 제임스는 애틀랜타의 작은 로펌에 취직하여 근로자 권리를 전문으로 하고 법률 지원을 받을 수 없는 사람들을 위한 무료 법률 지원 활동을 시작했습니다. 말수가 적고 온화한 성격 탓에 나쁜 습관을 고쳐야 하는 사람들에게 단호하게 대하기가 어려웠습니다. 하지만 그는 점차 자신감을 키워나갔습니다. 그는 의뢰인과의 모든 만남과 법정 출두 때마다 하나님의 도우심에 의지했습니다.

제임스에게는 역기능 가정에서 온 의뢰인들이 많았습니다. 이런 가정에서는 무책임하고 미성숙한 청년들이 제임스의 사무실로 문제를 가져오는 경우가 많았습니다. 이 젊은이들을 책임감 있는 행동으로 이끌기 위해서는 엄청난 인내와 인내가 필요했습니다.

제임스는 종종 "내가 무슨 짓을 한 걸까?"라고 생각했습니다. 제임스의 고객 중 상당수는 자신의 인생에 대해 심하게 불평했습니다. 그들 중 일부는 자기 연민과 변명으로 가득 차 있었습니다. 그들은 직업을 유지하는 데 어려움을 겪었습니다. 그들은 꾸준히 일하는 모범을 보여줄 수 있는 부모 밑에서 자라지 못했습니다. 젊은 변호사로서 처음 몇 년 동안 그는 돈을 거의 벌지 못했고 고객들로부터 존경도 거의 받지 못했습니다. 그는 인정받을 권리를 포기해야 했습니다. 이 분야에서는 즉각적인 보상이 없었습니다.

제임스는 종종 손을 토하고 이 일을 그만두고 싶다는 생각이 들었습니다. 낙담하기도 했지만 결코 그만두지 않았습니다. 그만두는 것은 하나님의 부르심에서 멀어지는 것임을 알았기 때문입니다. 물론 변호사 개업을 포기하고 가업을 잇는 쉬운 길을 택할 수도 있었습니다. 하지만 그는 그것이 후회할 선택이 될 것이라는 것을 알았습니다. 하나님께서는 이 길이 옳은 길이라고 분명히 말씀하셨기 때문입니다.

수년 동안 그의 가족은 사회 정의 분야에 종사하려는 그의 열망에 의문을 제기했습니다. 그들은 "너는 장시간 일하고 돈도 많이 벌지 못한다"며 반대했습니다. 그 외에도 가끔씩 흑인에 대한 편견을 드러내는 발언을 하기도 했습니다. 그의 부모님은 계속해서 가업 승계에 대한 힌트를 던졌습니다. 그들은 마을의 하층민을 위해 봉사하겠다는 그의 선택을 받아들일 수 없었습니다. 그들은 둘 다 가업을 이어받아 일하고 있는 동생들에게 칭찬을 아끼지 않았습니다.

제임스는 부모님이 섬기던 하나님을 향한 자신의 사랑이 부모님 사이에 큰 균열을 일으킬 것이라고는 상상도 하지 못했습니다. 그는 데니스와 실비아의 아들이었지만 지상에 계신 부모님과 하늘에 계신 아버지 중 한 분을 기쁘게 해드리는 것 중 하나를 선택해야 한다고 느꼈습니다. 제임스에게 고향 방문은 어색한 일이 되었습니다. 그는 가족들 사이에서 거의 버림받은 사람처럼 느껴졌습니다.

그는 때때로 가족들의 말에 화를 내며 가족들이 가난한 사람들의 필요를 무시한다고 비난했습니다. 때때로 제임스의 열심은 분노와 판단으로 오염되기도 했습니다. 한 번은 하급 직원에 대한 열악한 처우에 대해 아버지와 대립했습니다. 그 일로 인해 아버지와 아들은 사이가 틀어졌고 한동안 침묵의 시간을 가졌습니다. 하지만 제임스는 자신의 실수를 인정하고 사과하며 용서를 구했습니다.

특히 제임스의 여동생 클라리스는 아버지의 뒤를 이어 가업을 잇는 것이 당연한 선택을 거부한 제임스를 조롱하며 강하게 대했습니다. 20대 중반에 암 종양이 생겼을 때 제임스는 누나를 위해 기도하고 위로해 주었습니다. 그는 그녀가 치유되고 건강을 회복하는 것을 보고 기뻐했습니다.

29세에 제임스는 오랜 연인이었던 조디 윌리엄스(Jody Williams)와 결혼했습니다. 조디는 비기독교인 가정에서 태어났기 때문에 때때로 어려움이 있었습니다. 조디의 아버지인 코디(Cody)도 변호사였습니다. 제임스는 코디의 일부 언어와 행동이 마음에 들지 않았지만, 새 사위에 대해 열린 마음으로 받아들이고 수용했습니다. 법조인이라는 공통된 직업을 가진 두 사람은 많은 이야기를 나눌 수 있었습니다.

해마다 그는 젊은 의뢰인들에게 용서, 친절, 원수 사랑 같은 기본적인 것들을 가르치며 책임감 있는 삶을 살도록 이끌었습니다. 30대가 되자 제임스의 인내심은 더 많은 결실을 맺고 있었습니다. 느리지만 확실하게 그는 매우 유능한 지도자로 변모해가고 있었습니다. 그의 법률 사무소는 빠르게 성장하고 있었고 회사는 점점 더 많은 변호사를 고용하고 있었으며, 그중 일부는 제임스의 부서에서 일했습니다. 제임스는 회사에서 파트너로 승진했고, 그에 따라 관리 책임도 맡게 되었습니다.

제임스가 사건 처리량이 많아 힘들어하고 있을 때 장인인 코디는 사업 관리 방법에 대한 귀중한 조언을 해주었습니다. 제임스는 재빨리 귀를 기울였고 코디의 지식을 통해 많은 도움을 받았습니다. 그는 코디가 기독교인이 아니었고 다른 분야의 법률을 전공했음에도 불구하고 코디의 조언을 듣는 현명한 결정을 내렸습니다.

그 후 8년 동안 제임스의 사역에서 놀라운 일들이 일어났습니다. 그는 18년 동안 젊은 범죄자들의 감형을 돕고, 젊은 과부들을 변호하고, 그들 중 일부가 안정된 일자리를 찾을 수 있도록 도왔습니다. 제임스의 부모님은 그의 노력의 결실을 보고 마음이 바뀌었습니다. 더 이상 제임스의 일을 비난하지 않았습니다. 대신 아들이 하는 일의 엄청난 가치를 인정하고 아들과 협력할 수 있는 다양한 방법에 대해 이야기하기 시작했습니다.

그의 아버지는 아들에게 "아이들이 어린 나이에 거리에서 벗어날 수 있도록 스포츠 클럽을 시작하는 것은 어떨까? 대학에 갈 형편이 되지 않는 우수한 젊은 직원들에게 장학금을 제공하는 것은 어떨까?"라고 물었습니다. 클라리스는 애틀랜타 지역의 저소득층 지역에 거주하는 10대 소녀들을 위한 멘토링 프로그램을 시작하자는 자신의 아이디어에 동참했습니다.

한 가지 일이 다른 일로 이어졌고, 존슨 부부는 상당한 현금 자산으로 이 비전을 뒷받침했습니다. 이들은 도시 내 인맥을 활용해 더 많은 기부자와 봉사자를 모집했습니다. 변호사로서 제임스는 애틀랜타 지역에서 명성이 자자했습니다. 그는 자신의 영향력을 활용해 도시 전역에서 새로운 프로그램에 참여할 근로자를 모집했습니다. 1년 만에 애틀랜타 전역과 그 너머로 제임스 존슨의 이름으로 진행되는 모든 프로젝트에 대한 소문이 퍼졌고, 언론에서도 이를 다루기 시작했습니다. 어느새 제임스는 지역의 영웅이 되었고, 사람들은 그에게 공직에 출마할 것을 제안했습니다.

그 오랜 세월 동안 가난하고 상처받은 사람들을 한 명 한 명 돌보던 제임스에게 하나님께서 큰 은혜를 베푸시는 것 같았습니다. 제임스가 하나님의 부르심에 '예'라고 대답했을 때, 그 길은 배움과 섬김, 성장의 느린 길이었습니다. 하지만 시간이 흐르면서 놀라운 기적이 일어났습니다. 수천 명의 불우한 사람들이 도움을 받았고 미국 전역의 많은 지도자들이 이 프로그램에 주목하여 각자의 지역사회에서 유사한 프로그램을 시작했습니다.

인상적인 성공과 악명에도 불구하고 제임스는 결코 자만하지 않았습니다. 그는 항상 자신의 한계를 건강하게 인식하고 있었습니다. 그는 하나님께서 자신을 가난에서 벗어나게 하시고 인생의 놀라운 출발점을 마련해 주셨다는 것을 알고 있었습니다. 젊은 변호사로서 천천히 앞만 보고 달려가던 초창기 시절은 그의 기억 속에 영원히 새겨져 있습니다. 그때도 그는 하나님이 필요했고, 여전히 하나님의 도우심에 전적으로 의존하고 있었습니다.

사람들이 그를 칭찬할 때 그는 안주하지 않고 젊은이들이 모든 일을 하도록 내버려 두지 않았습니다. 그는 배우고, 성장하고, 하나님을 향해 나아가는 것을 끝내지 않았습니다. 그는 다음 단계를 위해 더 많은 축복과 힘, 비전을 달라고 하나님께 계속 기도했습니다. 그는 과거에 살고 있지 않았습니다. 그는 미래를 향해 나아가고 있었고, 하나님께 간절히 함께 해달라고 간구했습니다. 그는 자신이 위대한 지도자로 '도달'했다고 생각하지 않았습니다. 그는 이 모든 것이 하나님의 은혜 때문이라는 것을 알았습니다. 그는 겸손하게 다음 단계를 위해 하나님께 지혜를 구하며 계속 나아갔습니다.

제임스와 모세는 '가장 겸손한' 특성을 가졌습니다.

제임스 존슨이 가상의 인물이라는 사실을 짐작하셨을 수도 있고 아닐 수도 있습니다. 제임스의 이야기를 만든 목적은 모세의 삶에서 볼 수 있는 것과 동일한 특성을 생생하게 구현하여 모세가 왜 '지상에서 가장 겸손한 사람'으로 불렸는지 보여드리는 것이었습니다. 지팡이를 뱀으로 바꾸고 반석에서 물을 내던 비할 데 없는 모세보다 제임스와 같은 20세기 인물에게서 우리 자신의 모습을 발견하는 것이 더 쉽다고 생각합니다.

제임스와 모세의 삶은 삶의 모든 영역에서 실천적인 겸손의 좋은 예입니다. 겸손은 그들의 태도, 야망, 하나님과의 관계, 그리고 사람들을 대하는 방식을 형성했습니다.

제임스는 모세처럼 **겸손하고 야망이 없었습니다.** 두 사람 모두 "내가 무슨 자격으로 그런 일을 할 수 있나?"라는 태도로 억눌린 자들의 해방자가 되라는 하나님의 부르심에 응답하기를 매우 꺼려했습니다. 두 사람 모두 처음 출발할 때는 자신감이 부족했지만, 하나님께 매달려 올바른 발걸음을 내디뎠습니다. 이것이 바로 겸손입니다. "하나님, 저는 약합니다. 믿음으로 나아갈 때 제게 힘이 되어 주세요."라는 겸손입니다.

하나님께서는 모세와 제임스를 억눌린 자들의 해방자로 **초자연적으로 부르셨습니다.** 모세에게는 불타는 떨기나무 체험과 하나님과의 수많은 일대일 대화를 통해 계시가 임했습니다. 제임스는 하나님과의 다양한 개인적인 만남과 친구들의 조언을 얻는 등 보다 자연스러운 방법을 통해 소명을 받았습니다. 그는 가난한 사람들을 돕는 직업을 선택해야 한다는 확신을 꾸준히 키워나갔고, 한 가지 분명한 신성한 꿈을 갖게 되었습니다. 모세와 제임스는 모두 하나님으로부터 받은 분명한 메시지에 충실했습니다. 그것은 바로 "하나님, 제 인생에 대한 당신의 선택에 고개를 숙입니다."라는 겸손의 표현입니다.

제임스와 모세는 모두 **부유한 가정에서 자랐지만,** 실제 가족의 뿌리는 다른 쪽에 있었습니다. 두 사람 모두 특권적인 지위를 버리고 억압받는 사람들의 해방자가 되었습니다. 그들은 자신보다 힘과 자원이 훨씬 적은 사람들과 동일시했습니다.

모세의 양아버지는 폭압적인 통치자였지만, 제임스의 아버지는 가난한 사람들을 일으켜 세우는 것의 가치를 알지 못하는 기독교인이었습니다. 야고보는 이 갈등으로 갈등하지만 결국 사람 대신 하나님을 기쁘시게 하는 길을 선택합니다. 그는 인종적, 경제적 경계를 뛰어넘으라는 부르심에 응답하기 위해 지상의 가족으로부터 급진적으로 멀어집니다. 다시 말하지만, 그는 개인적인 안락함보다 하나님의 선택을 더 선호합니다.

모세는 제멋대로 행동하고 불평불만이 많은 무리를 목양했습니다. 그는 하나님의 많은 기적적인 개입을 잊어버리는 사람들을 참아냈습니다. 마실 물이나 먹을 음식이 없을 때면 그들은 불평했습니다. 대부분의 경우 모세는 불평하는 양떼들을 인내했습니다. 모세는 여러 번 백성들에게 좌절감을 느꼈지만, 결코 그들을 버리지 않았습니다. 그는 신실하고 겸손하게 그들을 섬겼습니다. 제임스도 불평하는 고객들을 대할 때 비슷한 태도를 보였습니다. **겸손은 약한 자의 실패를 참는 것입니다.**

모세와 제임스 모두 **분노 조절에 문제가 있었고 폭력적으로 행동**했습니다. 제임스는 모세처럼 살인을 저지르지는 않았지만 다른 사람을 폭력적으로 공격했고 그 과정에서 소중한 교훈을 얻었습니다. 그는 자신의 실수가 자신을 정의하지 않고 폭력적인 성격을 극복했습니다.

모세는 때때로 변덕스러운 양떼에게 자비를 베풀었습니다. 그는 백성들이 금송아지를 숭배할 때에도 그들을 대신하여 하나님께 호소했습니다. 제임스는 미성숙하고 자기 중심적인 고객들에게도 같은 종류의 인내심을 보여주었습니다.

여러 면에서 두 사람의 상황은 크게 달랐습니다. 하지만 제임스와 모세 모두 자신이 선택하지 않은 일을 하도록 하나님의 부름을 받았습니다. 두 사람 모두 하나님께서 주신 불가능한 임무를 그만두고 싶을 때가 많았지만, 끝까지 그 일을 완수했습니다. 그들은 소명을 포기하지 않았습니다. **평생 봉사하는 삶을 지속하려면 겸손이 필요합니다.**

겸손은 인생의 크고 작은 결정에서 하나님과 협력하는 것이며, 정말 힘들 때에도 마찬가지입니다.

모세와 제임스처럼 한 방향으로 오랫동안 순종하며 걸어가려면 겸손이 필요합니다. 학생들을 가르치든, 교회를 목회하든, 집을 짓든, 우리는 긴 마라톤을 달리고 있습니다. 매일 주변 사람들을 섬길 때 우리는 우리의 스승이신 예수님을 섬기는 것입니다.

모세의 형제와 누이가 이방인 아내와 결혼한 그를 공개적으로 불평하며 등을 돌렸을 때에도 모세는 긍휼을 베풀었습니다. 모세는 아론과 미리암에게 자비를 베풀며 주님께 문둥병을 고쳐 달라고 간구했습니다. 제임스는 누이 클라리스가 자신의 삶의 선택에 적대적으로 반대했음에도 불구하고 그녀를 위해 똑같이 행동했습니다. 그는 부모의 가치관과 선택에 반기를 들었지만 자신의 삶에서 부모를 배제하지 않았습니다.

모세의 **겸손은 처음에는 항복으로 표현되었고**, 나중에는 자신의 권위를 사용하여 표적과 기사를 통해 하나님의 구원의 능력을 드러내는 것으로 표현되었습니다. 이 두 가지의 순서가 중요합니다. 먼저 항복하고 나서 권능의 역사가 일어났습니다. 제임스는 홍해가 갈라지지는 않았지만 비슷한 과정을 경험했습니다. 제임스가 사역한 지 수십 년이 지난 후, 하나님의 은혜와 그의 고집스러운 인내 덕분에 그의 선한 영향력과 명성은 널리 퍼져나갔습니다.

제임스는 자신의 능력의 한계에 대해 아무런 환상을 갖지 않았던 모세처럼 **출세한 후에도 겸손한 자세를 유지했습니다.** 모세는 작은 나라를 자유로 이끄는 막중한 책임을 지고 있었습니다. 그는 그것이 인간의 능력 수준을 훨씬 뛰어넘는 일이라는 것을 알고 있었습니다. 제임스도 같은 태도를 가졌습니다. 그는 '자기 자신은 작은 자'로 남았습니다.

제임스가 모세의 삶을 닮은 또 다른 방법은 다른 영적 지향점을 가진 노인이었던 장인의 말을 경청하는 것이었습니다. 모세의 장인 이드로는 '미디안의 제사장'이었으며 모세를 만나기 전에는 이스라엘의 신 여호와를 예배하지 않았습니다. 이드로가 다른 신을 섬겼던 배경에도 불구하고 모세는 이 이방인의 조언에 귀를 기울였습니다. **겸손의 핵심은 모든 종류의 사람들의 의견에 열린 자세를 취하는 것입니다.** 누가 말하든 모든 지혜는 하나님의 지혜입니다.

모세의 장인은 모세에게 대규모 인원을 이끌어야 하는 무거운 짐을 함께 짊어질 지도자를 모집하라고 조언했습니다. 이는 백만 명이 넘는 사람들을 책임져야 하는 모세에게 매우 귀중한 정보였습니다. 모세는 장인의 조언을 겸손히 존중했습니다. 제임스는 젊은 변호사로서 자신의 능력을 입증한 후에도 경험이 많은 사람의 말을 경청하고 배울 준비가 되어 있는 모습을 보였습니다.

이 두 사람 모두 자신이 '도착했다'고 생각한 적이 없었습니다. 하나님께서 홍해와 금송아지, 그리고 수많은 표적과 기사의 놀라운 사건 속에서 모세를 사용하신 후에도 모세는 하나님께 더 많은 축복과 더 많은 은총, 더 많은 선하심의 계시를 계속 구했습니다. 그는 계속해서 하나님께 자신의 길을 가르쳐 주시고, 어디를 가든 하나님의 임재를 경험하게 해 달라고 간구했습니다.

제임스도 비슷한 접근 방식을 취했습니다. 그는 과거에 살면서 자신의 성공에 대해 자화자찬하지 않았습니다. 그는 미래를 향해 나아갔고, 하나님께 간절히 함께해 달라고 간구했습니다. 그는 배우고, 성장하고, 하나님을 향해 나아가는 것을 끝내지 않았습니다. 그는 겸손하게 한 걸음 한 걸음 하나님을 의지하며 계속 나아갔습니다.

모든 시대와 직업을 대표하는 겸손의 예

앞으로 이어질 장에서는 겸손하게 살았던 수십 명의 유명한 사람들을 살펴볼 것입니다. 제임스는 유일한 가상의 인물입니다!. 프로 운동선수부터 CEO, 초대 교회 교부, 전형적인 엄마와 아빠, 독신자, 수도사와 수녀에 이르기까지, 겸손하신 왕을 따라 겸손하게 살라는 부름을 듣게 됩니다.

1장 의인화된 겸손

2장
겸손의 좋은 토양

예수님을 찾고 겸손을 찾으세요

우리가 추구하는 삶의 초점이 겸손이어야 할까요? 아닙니다. 예수님이 우리의 초점입니다. 예수님의 본성은 겸손입니다. 그분은 우리가 그분의 본성을 취하도록 인도하실 것입니다.

예수님은 자신을 가장 낮은 곳으로 낮추셨고 그 결과 가장 높은 곳으로 높아지셨습니다. 예수님에게서 매우 중요한 영적 원리가 드러나는데, 바로 자신을 낮추는 사람은 영예롭게 되거나 높아진다는 것입니다. 예수님은 아버지의 계획을 따랐고 역사상 가장 높은 영예로 보상을 받았습니다.

예수님은 사랑의 아버지의 계획에 '예'라고 대답하는 겸손의 정의를 우리에게 보여주셨습니다. 그는 "내 뜻이 아니라 아버지의 뜻이 이루어지이다"라고 말하며 아버지와 협력했습니다. 누군가의 제자가 된다는 것은 그 사람이 하는 모든 것을 모방하는 것입니다. 그 사람의 모든 것을 흡수하고 그 사람이 되는 것입니다. 예수님의 제자가 된다는 것은 그분의 성품을 닮아간다는 뜻입니다. 겸손은 예수님의 성품의 핵심이기 때문에, 그분을 찾는다는 것은 그분의 겸손의 학교에 등록하는 것입니다.

회사에서 새로운 직책이 생겼는데 자신이 그 직책에 적합한 자격이 있다고 생각하지만, 만일 다른 사람이 승진한다면 하나님은 당신을 겸손 학교로 데려가시는 것입니다. 당신이 열정적으로 친구와 자신의 주장을 주장하지만 결국에는 친구가 옳고 자신이 틀렸다는 것을 깨닫고 인정한다면 겸손을 배우고 있는 것입니다.

직장에서의 역할이 중단되고 하나님이 나에게서 안정을 빼앗은 것 같을 때, "내가 뭔가 잘못했나?"라고 묻고 싶을 때가 있습니다. 꼭 그렇지는 않습니다. 그것은 이제 성장할 때임을 의미합니다. 하나님께서는 "나는 너를 가지 치고, 정화하고, 다음 단계를 준비시키고 있다."라고 말씀하고 계십니다. 여러분은 하나님의 자녀이며 그분의 제자이기도 합니다. 그분의 발자취를 따라 그분처럼 겸손하게 섬기는 것은 얼마나 큰 특권입니까? 이것이 바로 삶과 행복, 성취의 열쇠입니다.

좋은 토양

저는 화분에 꽃을 심거나 땅에 나무를 심을 때 건강한 흙을 사용하고 있는지 확인합니다. 영양가 있는 환경이 없으면 식물은 자라지 못합니다. 예수님의 제자가 될 때 우리는 겸손이라는 '좋은 토양'을 개발해야 합니다. 겸손은 그리스도를 닮은 자질이 번성하고 성장할 수 있는 환경을 조성합니다. 겸손은 하나님에 대한 나의 신뢰가 자랄 수 있는 토양입니다. 내 삶이 무너져 내리는 것 같을 때, 나는 더 높은 존재를 신뢰하기 위해 자신을 낮춰야 합니다. 하나님이 왜 불의와 고통을 허용하시는지 이해할 권리를 겸손히 포기해야 합니다. 겸손이 없으면 인생의 시험과 시련에서 하나님께 굴복할 수 없습니다.

겸손한 태도는 인생의 큰 문제들을 다룰 수 있는 능력을 갖추게 함니다. 겸손하면 하나님께서 자신과 주변 사람들을 독특하게 만드신 방식을 받아들일 수 있습니다. 겸손하면 자신이 완전히 이해하지 못하는 하나님을 믿을 수 있습니다. 겸손하면 자신이 선택하지 않은 일을 하게 되더라도 하나님이 주신 잠재력을 실현할 수 있습니다.

겸손은 사랑이 자라는 토양입니다.

사랑은 인내합니다. 교만한 사람은 먼저 행동하고 겸손한 사람은 다른 사람을 기다립니다.

사랑은 친절합니다. 교만한 사람은 종종 너무 자기중심적이어서 친절하지 못합니다.

사랑은 질투하지 않습니다. 겸손한 사람은 자신이 가진 것에 감사하고 있는 그대로의 모습에 만족하며 질투하려는 충동을 억제합니다.

사랑은 자랑하지 않습니다. 겸손한 사람은 자신의 은사, 능력, 성취가 하나님이 주신 선물임을 알기 때문에 자랑하지 않습니다.

겸손은 감사가 자라는 토양입니다. 겸손은 모든 좋은 선물을 주신 분으로 하나님을 인정합니다. 알버트 아인슈타인(Albert Einstein)은 다음과 같이 말했습니다. "인생을 사는 방법은 두 가지뿐입니다. 하나는 아무것도 기적이라고 생각하지 않는 것이며, 다른 하나는 모든 것이 기적인 것처럼 사는 것입니다."

상호 의존적 특성

2012년 메인 대학교의 조던 라보프(Jordan LaBouff)는 겸손에 관한 연구를 했습니다. 그의 연구 결과는 겸손이 선한 토양이라는 생각을 뒷받침합니다. 다음은 그의 연구에서 나온 몇 가지 결과입니다. 라보프는 "겸손한 친구는 교만한 친구보다 더 충성심이 강합니다. 겸손이 없으면 연민을 느끼기 어렵습니다."라고 말합니다.

117명의 대학생을 대상으로 한 라보프의 실험 중 하나에서는 다양한 성격 특성이 측정되었습니다. 연구진은 측정된 모든 성격 특성 중에서 겸손이 도움의 손길과 가장 밀접한 관련이 있다는 사실을 발견했습니다.

겸손이 없으면...

겸손이 없으면 삶이 나를 힘들게 할 때 감사할 수 없습니다.
겸손이 없으면 모욕이나 무시를 당해도 용서할 수 없습니다.
겸손이 없으면 아무것도 없는 사람을 위해 시간을 내어 봉사할 수 없습니다.
겸손이 없으면 아내와 논쟁할 때 입을 다물고 아내의 입장을 경청할 수 없습니다.
겸손이 없으면 인생의 계절과 책임의 변화에 기꺼이 몸을 구부릴 수 없습니다.
이 목록은 계속 이어집니다. 겸손이 없으면 사람과 현재 누리고 있는 힘을 포기할 수 없습니다. 겸손이 없으면 자신의 주장을 내려놓고 성령의 인도하심을 받을 수 없습니다. 겸손이 없으면 하나님께 순종하고 싶지 않을 때 순종할 수 없습니다.

하나님은 겸손한 자에게 그분이 주신 임무를 완수할 수 있게 하십니다. 사도 바울은 자신이 열심히 일할 수 있었던 하나님의 능력의 은혜에 대해 이렇게 말했습니다. "그러나 내가 나 된 것은 하나님의 은혜로 된 것이니 내게 주신 그의 은혜가 헛되지 아니하여 내가 모든 사도보다 더 많이 수고하였으나 내가 한 것이 아니요 오직 나와 함께 하신 하나님의 은혜로라"(고전 15:10) 바울이 '육체의 가시'로 인해 약해졌을 때 하나님의 은혜가 바울에게 힘을 실어주었습니다. 그는 주님께 자신을 낮춤으로써 이 은혜를 받았습니다.

똑똑하다면 겸손을 배울 수 있습니다. 하나님과의 관계가 풍성해지기를 원한다면 겸손하게 행해야 합니다. 가족, 친구, 직장 동료와의 만족스러운 관계를 원한다면 겸손한 마음을 키우십시오. 장기적으로 최고의 보상을 원한다면 항상 예수님의 겸손으로부터 배워야 합니다.

겸손은 불필요한 실패와 실망으로부터 자신을 보호하는 안전장치입니다. 우리는 실수하고 실망할 수 있지만 예수님의 방식을 배움으로써 이를 최소화할 수 있습니다. 겸손은 언제 어디서나 누구에게나 배울 준비가 되어 있게 합니다. 겸손이 없으면 평생 학습자가 될 수 없습니다. 예수님의 제자가 되려면 끊임없이 배우기를 열망하는 어린아이의 겸손함을 가져야 합니다. 가르칠 줄 아는 마음은 하나님의 은혜의 문을 열어줍니다.

겸손은 보상을 가져다줍니다.

성경은 우리가 겸손하게 행할 때 하나님의 관심을 끌 수 있다고 가르칩니다. 우리가 겪을 수 있는 시련에도 불구하고 겸손하게 걷는 것은 큰 보상을 가져다줍니다.

교만이 오면 수치가 따르지만,
그러나 겸손한 자에게는 지혜가 있습니다.
하나님은 겸손한 자를 구원하시고 은혜를 베푸십니다.
하나님은 겸손한 자를 인도하시고 지탱해 주십니다.
겸손한 자에게 승리의 면류관을 씌우십니다.
겸손한 자의 기도를 들으십니다.
겸손은 여호와를 경외하는 것이며, 그 삯은 부와 명예와 생명입니다.

모든 은혜의 하나님은 우리를 도우시고, 능력을 주시고, 축복하시는 분이십니다. 성경에 나오는 은혜의 개념은 자녀를 향한 하나님의 모든 활동을 설명합니다. 겸손한 길을 선택하는 사람들에게는 은혜가 무한히 주어집니다. 앤드류 머레이(Andrew Murray)는 그의 책 '겸손(Humility)'에서 이렇게 말합니다. "더 높은 삶으로 가는 길은 바로 여기에 있습니다. 아래로, 아래로! 물이 항상 가장 낮은 곳을 찾아 채워지듯이, 하나님께서 인간을 낮추고 비우는 순간 그분의 영광과 능력이 흘러 들어와 높여주시고 축복하십니다."

실수로부터 배우기

우리의 행동에는 결과가 따릅니다. 겸손하게 걷는다면 축복을 받을 것입니다. 교만하면 잃게 될 것입니다. 저는 두 가지를 모두 경험했습니다. 교회 지도력에서 내 방식만 고집하면 동료들의 호감을 잃게 됩니다. 이기적인 폭군과 함께 일하고 싶어 하는 사람은 아무도 없습니다. 아내를 비판하면 저는 즉시 패배합니다. 제가 우리 사이에 벽을 쌓았기 때문에 아내는 대화가 단절됩니다.

가끔은 제가 옳은 일을 했을 때도 있습니다. 무례하고 상처 주는 말을 한 후 아내와 화해한 적이 있습니다. 그리고 비판적으로 말할 수 있었는데도 입을 다물었던 적도 있습니다. 그리고 다른 사람의 실수로 인해 상처를 받았을 때에도 아무렇지 않게 그냥 지나쳤습니다.

때로는 하나님의 계획이 아닌 제 생각에 따라 성급한 결정을 내리는 잘못을 저지르기도 했습니다. 겸손하게 하나님의 타이밍을 기다리지 않고 새로운 프로젝트를 시작하기 위해 앞만 보고 달려온 적도 있습니다. 나중에 그 대가를 치렀습니다. 결혼 생활, 일, 우정에서 겸손하게 걷지 않으면 침몰하고 맙니다. 저는 겸손한 마음 대신 교만과 자기중심이 저를 지배하도록 내버려 두면서 이 교훈을 여러 번 배웠습니다.

겸손한 성취자

역사상 많은 사람들이 위대한 업적을 이룬 것은 하나님의 위대하심에 비하면 작은 존재임을 인정했기 때문입니다. 하나님의 전지전능하심에 비하면 지혜는 작습니다. 하나님의 전능하심에 비하면 권위는 작습니다. 이것이 바로 겸손입니다.

야심 찬 바리새인이었던 바울은 예수님의 부르심에 자신을 낮추고 고대 근동 전역에 교회를 개척하고 성경 신약성경의 대부분을 구성하는 편지를 썼습니다. 하나님께서 은혜를 부어주셨습니다. 입이 큰 어부였던 베드로는 '양을 먹이라'는 예수님의 초대에 자신을 낮추었고, 수천 명을 그리스도께로 인도했으며 초기 기독교 교회의 주요 지도자 중 한 명이었습니다. 하나님은 그에게 은혜를 부어주셨습니다.

모세, 바울, 예수님과 같은 성경 시대의 인물들은 겸손하게 걷는 태도, 행동, 축복을 우리에게 보여줍니다. 겸손한 사람은 힘, 용기, 지혜 등 하나님의 모든 자원을 사용할 수 있습니다. 이것이 바로 하나님께서 정의하신 성공하는 삶으로 가는 길입니다.

여러분과 제가 하나님의 부르심에 겸손할 때, 그분은 가정, 사업, 교육, 서비스업 등 사회의 모든 분야에 하나님의 본성을 반영하도록 우리를 인도하십니다. 겸손한 자신감을 가지고 일할 때 하나님은 은혜를 부어주십니다.

평생의 과정

지난 세월을 돌이켜보면 겸손한 길을 선택했을 때 만족감을 느낀다는 것을 알 수 있습니다. 하나님과 다른 사람들에게 자신을 낮추었기 때문에 저는 여전히 하나님을 사랑하고 사람들을 섬기며 지혜를 키우며 이 일을 계속하고 있습니다. 겸손한 길을 선택하지 않아서 실패한 친구들이 많이 생각납니다.

겸손은 여러분을 향한 하나님의 계획입니다. 하나님은 겸손한 왕이신 그분을 알고 그분처럼 되라고 당신을 만드셨습니다. 하나님은 여러분에게 은혜를 부어주시기를 간절히 원하십니다. 예수님은 "나는 마음이 온유하고 겸손하니 나의 멍에를 메고 내게 배우라 그리하면 너희 마음이 쉼을 얻으리니"(마 11:29)라고 말씀하셨습니다. 겸손한 왕이신 예수님을 찾으면 자신이 아닌 다른 사람이 되려고 애쓰지 않아도 안식을 얻을 수 있습니다. 일상의 일과 관계에 대한 그분의 은혜를 받습니다.

겸손한 삶에서는 세상의 지위, 직업, 수입, 명예와 상관없이 하나님 보시기에 자신이 위대하다는 것을 아는 만족감을 얻습니다. 겸손은 우리 모두의 기본입니다. 겸손은 삶의 모든 측면에 영향을 미칩니다. 겸손은 예수님이 누구이신지, 그리고 우리를 어떤 사람으로 부르시는지에 대한 핵심입니다. 겸손한 태도는 모든 종류의 사람들과 쉽게 교류할 수 있는 길을 열어줍니다.

겸손은 그리스도인의 삶의 핵심입니다

제가 겸손에 관한 책을 쓴 것은 제가 이 주제에 대해 전문가라고 생각해서가 아닙니다. 겸손이 예수님을 따르는 데 얼마나 중요한지 알기 때문에 글을 썼습니다. 올해 초, 한 친구가 "다음 세대에게 당신의 지혜와 경험을 나눠주기 위해 무엇을 하고 있나요?"라는 질문에 도전을 받았습니다. 많은 생각과 기도 끝에 저는 이 책을 쓰기로 결심했습니다. 지난 몇 년 동안 겸손은 하나님께서 저에게 가르쳐 주신 가장 중요한 주제였습니다. 저는 끊임없이 배우고 성장하고 있습니다. 겸손에 대해 더 많이 생각할수록 겸손은 우리가 씨름하는 가장 중요한 문제 중 하나라는 확신이 들었습니다. 겸손은 '하나님과 이웃을 사랑하는 것'과 함께 우리가 계속 성장하고자 노력할 때 하나님께서 우리 안에서 개발해 주시는 가장 중요하고 만능적인 성품 중 하나입니다.

저는 예수님의 제자로서 아직 갈 길이 멉니다. 제 마음은 필요한 만큼 완전히 훈련되고 길들여지지 않았습니다. 많은 진전을 이루었지만 여전히 자아 문제가 있습니다. 하지만 하나님은 저에게 매우 인내심이 많기 때문에 걱정하지 않습니다. 하나님의 끝없는 은혜에 감사합니다! 하나님은 우리 안에서 시작하신 일을 완성하시는 신실하신 분입니다. 그분의 헤아릴 수 없는 은혜는 겸손한 길을 걷는 자에게만 주어집니다.

앤드류 머레이는 예수님의 겸손에 대해 이렇게 말합니다. "그분의 가장 큰 특징, 그분의 모든 성품의 뿌리이자 본질은... 겸손입니다. 성육신이란 그분의 하늘에 계신 겸손, 자신을 비우시고 사람이 되신 것 외에 무엇이 있을까요? 그분의 지상에서의 삶이 겸손이 아니고 무엇이겠습니까? 종의 형체를 취하신 것이 아니고 무엇이겠습니까? 그리고 우리 죄의 대속물이 된 것이 겸손이 아니고 무엇이겠습니까?"

2장 겸손의 좋은 토양

3장
사막에서 하나님을 찾다

수줍음이 많은 17세 소년이 하나님의 사랑을 발견하고 기타를 들고 교회에서 예배곡을 작곡하고 부릅니다. 그로부터 몇 년 후, 그는 로스앤젤레스를 돌아다니며 콘서트를 열고 여러 교회에서 예배를 인도합니다. 약 10년이 지나면서 그의 여행은 전 세계로 확장됩니다. 그는 CD를 녹음하기 시작하고 그의 노래 중 일부는 전 세계적으로 알려지게 됩니다. 그 후 15년 동안 그는 계속 음반을 녹음하고 점차 음악으로 10명의 가족을 먹여 살릴 수 있을 만큼의 돈을 벌게 됩니다. 5년이 지나자 예배 인도 초대가 줄어들고, 여행도 줄고, 녹음도 줄고, 수입도 줄어드는 등 모든 것이 둔화되기 시작합니다. 하나님은 "모든 것을 내려놓으라"고 말씀하셨습니다.

제가 묘사하는 것이 저라고 짐작하셨다면 맞습니다. 약 20년 동안 저는 큰 무대에서 연주하고 30개 이상의 국가를 여행하며 수십 개의 예배 앨범을 녹음했습니다. 그 이후로 청중이 줄어들고 여행도 줄었으며 녹음은 이제 집의 스튜디오에서 이루어집니다. 저는 여전히 정기적으로 사역하고, 많은 곡을 쓰고, 여러 곳을 여행하고 있습니다. 하지만 팡파르를 울리고 떠들썩하게 하는 일은 훨씬 줄었습니다.

이 전환은 점진적으로 이루어졌기 때문에 적응하기가 더 쉬웠습니다. 하지만 쉽다고 말할 수는 없습니다. 일찍 세상을 떠나 여러 나라를 돌아다니며 말씀을 전했던 빈야드 목사인 브렌트 루(Brent Rue)는 "집에 돌아오면 사람들은 나를 '흰 빵' 취급합니다."라고 말했습니다.

'흰 빵'은 지루하고 맛도 없으며, 제가 먹고 싶지도 되고 싶지도 않은 음식입니다. 저는 브렌트가 무슨 말을 했는지 정확히 알고 있습니다. 사람들은 먼 나라에서 초청 연사로 오면 왕족처럼 대하지만, 집에서는 거의 무시합니다. 또 다른 빈야드 목사님은 "많은 사람들이 치유된 사역 여행을 마치고 집에 돌아오면 아내가 "쓰레기 좀 버려줄 수 없을까?""라고 말했다고 했습니다.

쓰레기를 버리는 것은 우리의 겸손한 수준에 정말 좋은 일입니다. 예수님께서 제자들의 발을 씻겨 주셨을 때 하신 일과 똑같습니다. 갈릴리의 거리는 동물의 배설물과 온갖 더러운 것들로 가득 차 있었습니다. 예수님은 친구들의 발을 씻기실 때 의식적인 일을 하신 것이 아닙니다. 그분은 오물을 씻어내신 것입니다!

저에게 그것은 큰 경지에 올라가기 위한 시험이자, 경지에서 내려가기 위한 시험이었습니다. 하나님이 주신 그렇게 중요하지 않은 것 같은 새 직업을 기꺼이 받아들일 것인가? 아니면 '예전처럼'을 고집할 것인가? 성령님의 음성에 귀를 기울이면서 저는 이 모든 우여곡절을 헤쳐 나갔습니다. 그리고 그 과정에서 저는 조금씩 예수님을 닮아가고 있는 것 같습니다. 그게 요점입니다.

인생의 다음 시즌

많은 성찰과 영혼의 탐색, 그리고 약간의 회개와 고뇌 끝에 저는 요즘 많은 평화와 성취감을 찾고 있습니다. 정말 좋은 인생의 시기입니다. 하나님께서 저에게 주신 큰 그림, 즉 기회가 있는 곳이면 어디든 봉사하라는 말씀을 깨닫고 있습니다. 이 책에서 가장 오래된 교훈입니다.

저는 제 사역이 어떤 모습일지에 대한 기대를 내려놓았습니다. 보상, 존경, 장소와 상관없이 봉사하는 것이 행복합니다. 제 일의 대부분은 무급 자원봉사입니다. 그리고 저는 만족합니다. 하나님의 은혜가 부어지고 있는 것을 느낍니다.

가족의 필요를 채우고 늘 해오던 일을 하고 있지만, 다른 형태로 변화합니다. 27년 동안 아이를 키운 아내는 이제 조산사로 일하고 있습니다. 아내는 임산부를 돌보고 아기를 분만합니다. 그녀의 수입으로 대부분의 우리 집 청구서를 지불합니다. 할렐루야, 영광입니다. 저는 이런 일이 일어날 줄 몰랐지만, 하나님은 그렇게 하셨습니다.

리처드 로어(Richard Rohr)의 지혜에 대한 한마디입니다. "모든 위대한 영성은 필요하지 않은 것과 내가 아닌 것을 버리는 것에 대해 가르칩니다. 그런 다음, 당신이 충분히 작아질 수 있을 때, 당신은 당신이 진정으로 있는 작은 장소가 충분하고 당신에게 필요한 전부라는 것을 알게 될 것입니다... 그 장소를 자유라고 부릅니다."

애굽사람을 죽이고 바로의 손아귀에서 도망친 모세는 사막에서 자신을 발견했습니다. 그곳은 내려놓음의 장소였습니다.

> "모세는 오랫동안 아무도 모르게 고독한 존재로 남아있었습니다. 마치 깊고 근본적인 방식으로 모든 것을 내려놓은 것 같

앉습니다. 그는 무언가를 고치거나, 누군가를 돕거나, 심지어 동족과 함께 살겠다는 꿈도 내려놓았습니다. 대신 그는 주어진 것을 받았습니다."

물론 이것이 모세 이야기의 끝은 아니었습니다. 하지만 앞으로 나아가기 위해서는 먼저 내려놓음이 있어야 했습니다. 저는 자격이 있다는 태도를 버리는 데서 큰 자유를 얻었습니다. 작은 장소는 좋은 곳입니다. 그곳에서 하나님과 그분의 사랑을 찾을 수 있습니다. 그분에게서 필요한 것을 얻을 수 있습니다. 누구에게도 증명할 것도 없고 내 평판을 보호할 필요도 없습니다. 하나님이 내게 주시는 사명을 겸손히 받아들일 때 인생은 더 쉬워집니다.

이것이 하나님이 우리를 살도록 설계하신 방식입니다. 하나님께서 우리에게 주신 다음 직책이 이전 직책과 매우 달라 보일지라도 기꺼이 받아들이는 것입니다. 이것이 바로 예수님께서 우리에게 모범을 보이시고 함께 가자고 초대하시는 행복한 하향식 여정입니다. "아무 일에든지 다툼이나 허영으로 하지 말고 오직 겸손한 마음으로 각각 자기보다 남을 낫게 여기고 각각 자기 일을 돌볼뿐더러 또한 각각 다른 사람들의 일을 돌보아 나의 기쁨을 충만하게 하라"(빌 2:3-4)

예수님은 하나님으로서의 권세와 특권, 지위를 내려놓고 비천한 인간이 되셨습니다. 내가 누렸던 특권을 내려놓으면서 그분이 나와 함께 하시고, 내게 말씀하시며, 나를 이끄신다는 것을 알게 되었습니다. 계속 내려놓는 한 저는 행복합니다. 저는 지난 몇 년을 일종의 사막 체험이라고 생각합니다. 하나님은 저를 시험하셨습니다. 그분은 제게서 몇 가지를 빼앗아 가셨지만 저는 그런 것들에 매달리지 않기로 결정했습니다. 대신 그분께 매달렸고 평화와 만족을 찾았습니다.

아버지께서는 예수님을 광야로 데려가셨습니다.

예수님은 모든 믿는 자의 선구자이며, 아버지께서는 그를 시험하고 시험하기 위해 그를 사막으로 인도하셨습니다. 예수님이 세례를 받으실 때 하나님의 영이 '비둘기처럼' 예수님 위에 내려오셨습니다. 하늘에서 "하늘로부터 소리가 있어 말씀하시되 이는 내 사랑하는 아들이요 내 기뻐하는 자라 하시니라"(마 3:17)는 음성이 들려왔습니다.

바로 다음 구절에서 "그러자 예수님은 성령의 인도를 받아 광야로 나가 마귀의 시험을 받으셨습니다."고 말씀합니다. 세례식에서 아버지께서는 본질적으로 예수님께 이렇게 말씀하십니다. "나는 네가 정말 자랑스럽다!" 예수님은 아직 공적인 사역을 하지 않으셨지만, 아버지는 아들을 얼마나 기뻐하시는지 확언하십니다. 그다음 아버지가 하신 일은 예수님을 광야로 데려가 시험하는 것이었습니다. 이것이 우리 아버지께서 우리 모두에게 하시는 일입니다. 그분은 시련과 유혹을 통해 우리의 믿음과 성품을 다듬으십니다. 그분은 우리에게 우리의 힘을 내려놓으라고 가르치십니다.

예수님의 광야 경험은 우리에게 모범이 됩니다. 맥락은 이렇습니다. 하나님은 여러분을 사랑하시며 여러분을 더 깊은 곳으로 초대하고 계십니다. 그분이 여러분을 사막으로 데려가신다고 해서 여러분이 잘못했다는 뜻은 아닙니다. 그분은 당신의 성품을 시험하시는 것입니다. 광야에서 우리가 누구인지 드러납니다. 그분은 우리를 다듬으십니다. 우리는 그분을 더 깊이 신뢰하게 됩니다. 우리는 그분이 우리에게 가르치시려는 것이 무엇이든 배우기 위해 겸손해집니다. 그분은 우리에게 어려움을 견디고 그분을 닮아갈 수 있도록 은혜를 주십니다.

바울은 자신의 고통스러운 광야 경험을 이렇게 묘사합니다.

> "형제들아 우리가 아시아에서 당한 환난을 너희가 모르기를 원하지 아니하노니 힘에 겹도록 심한 고난을 당하여 살 소망까지 끊어지고 우리는 우리 자신이 사형 선고를 받은 줄 알았으니 이는 우리로 자기를 의지하지 말고 오직 죽은 자를 다시 살리시는 하나님만 의지하게 하심이라"(고후 1:8-9a)

바울은 하나님께서 자신을 견딜 수 없는 압박에 처하게 하신 이유가 하나님에 대한 의존도를 높이기 위함이라는 것을 통찰력이 있었습니다. 바울은 이 광야의 시간 뒤에 계신 하나님을 보았기에 "이는 우리로 자기를 의지하지 말고 오직 죽은 자를 다시 살리시는 하나님만 의지하게 하심이라"(고후 1:9b)고 썼습니다.

의도적으로 우리를 낮추시는 하나님

왜 하나님은 우리를 낮추실까요? 그것은 우리가 그분을 더 잘 알고, 그분을 더 의지하고, 앞으로 실수를 줄일 수 있도록 하기 위해서입니다. 약속의 땅으로 가는 여정은 항상 사막을 통과합니다. 하나님은 우리에게 그분의 길을 가르치시기 위해 의도적으로 우리를 낮추십니다. 예수님을 진심으로 따르는 모든 사람은 겸손한 경험을 받아들일 준비를 해야 합니다. 그것은 하나님 작전의 일부입니다.

기분을 상하게 하고, 강등당하고, 무시당할 준비를 하십시오. 용서하는 법을 배울 수 있도록 상처받을 준비를 하십시오. 인생의 큰 질문에 당황할 준비를 하십시오. 그러면 신뢰하는 법을 배울 수 있습니다. 하나님을 신뢰하고 다시 일어나 다시 시도하는 법을 배울 수 있도록 최선을 다하고 실패할 준비를 하십시오. 그렇지 않으면 어떻게 겸손을 배우고 그분을 신뢰하는 법을 배울 수 있을까요? 어려움 속에서만 우리는 성장할 수 있습니다. 그렇지 않으면 우리는 언덕 아래로 내려갑니다. 우리가 가파른 언덕을 올라갈 때 하나님은 우리의 관심을 받으십니다.

하나님은 당신을 그분처럼 만드셨습니다. 하나님은 겸손하십니다. 겸손 학교에 갈 준비가 되셨나요? 하나님을 따르고자 하는 사람은 사막으로 가야 합니다. '사막' 또는 '광야'라는 개념은 우리 삶에서 하나님의 시험과 시련을 말합니다. 사막에서는 우리를 지탱하는 삶의 것들을 빼앗깁니다. 예수님은 광야 유혹으로 한 계절 동안 음식과 친구들을 빼앗겼습니다. 그는 외롭고 배고팠습니다.

　예수님을 따르는 모든 사람은 사막을 몇 바퀴 돌아야 합니다. 성경 전체 이야기에서 사막에 가지 않아도 되는 사람은 아무도 없습니다. 우리 조상들은 모두 사막이나 광야에서 어느 정도 시간을 보냈습니다. 아브라함, 야곱, 모세, 룻, 엘리야, 마리아도 그곳에 있었습니다. 그들과 같이 우리도 광야를 통과할 때 우리를 인도합니다.

　하나님의 계획은 예수님을 광야로 내몰아 그의 삶과 사역을 형성하는 것이었습니다. "예수님은 아버지께 '예'라고 말하기 위해 마귀에게 '아니오'라고 말하는 법을 배워야 했습니다. 우리 모두는 이와 같은 교훈을 배워야 합니다."

　하나님은 광야에서 우리에게 말씀하십니다. 히브리어로 광야를 뜻하는 단어는 '미드바르(midbar)'입니다. '미드바르'의 어근은 '말하다' 또는 '말씀하다'라는 의미를 가지고 있습니다. 하나님은 광야에서 우리에게 말씀하십니다. 하나님은 광야에 있는 사람들에게 큰 긍휼을 베푸십니다. 그분에 대한 갈망이 강해지면 우리는 더 잘 듣게 됩니다. 광야의 경험은 직장을 잃는 것일 수도 있고, 사역을 잃는 것일 수도 있고, 관계를 잃는 것일 수도 있습니다. 모든 것이 무너지는 것처럼 느껴집니다. 그 어느 때보다 하나님께 의지해야 합니다.

　지난 40년을 돌아보면 짧기도 하고 길기도 하고 힘들기도 했던 많은 사막의 경험이 기억납니다. 재정 문제, 직장 문제, 사역 문제, 인간관계 문제, 까다로운 상사를 상대하는 문제 등 온갖 종류의 문제를 광야에서 겪었습니다. 30대와 40대 내내 하나님은 저에게 수많은 방법으로 축복을 주셨습니다. 하지만 그분은 계속해서 많은 어려운 교훈으로 저를 훈련시키셨습니다. 일부 지도자들과 친구들로부터 부당한 대우를 받으면서 저를 학대하는 사람들을 용서하고 축복해야 한다는 도전을 받았습니다. 다른 사람들과의 갈등을 올바르게 처리하기 위한 저의 몸부림은 저를 무릎 꿇게 만들었습니다.

하나님은 우리를 광야로 인도하시고 우리가 의지하고, 그분을 알고, 그분을 신뢰하고, 그분을 경배할 수 있도록 우리가 기대고 있는 모든 벽을 제거, 또는 원수가 제거하도록 허락하십니다. 벽이 사라지기 전까지는 자신이 어떤 벽에 기대고 있는지 알 수 없습니다. 그런 다음 하나님을 찾습니다. 그 결과 우리는 그분의 형상으로 변화됩니다. 헌금을 드리는 것이 아니라 우리가 헌금입니다. 우리는 우리 자신이 아니라 전적으로 그분의 것입니다.

바울은 우리에게 익숙한 구약의 그림을 뒤집어 이 완전한 항복의 그림을 그립니다. 바울은 죽임을 당하고 불타는 동물이, 말 그대로 제단에서 화염에 휩싸여 제물로 올라가는 대신, 우리가 '살아있는' 제물이 되어야 한다고 말합니다. 이것은 전적인 헌신의 그림입니다. 광야에서 하나님은 우리가 그분을 위해 살 것인지 시험하십니다.

> "하나님이 사막에서 하시는 일에는 '강'에서는 결코 할 수 없는 일들이 있습니다. 성경 이야기에서 사막을 빼면 이야기가 없습니다. 우리가 하나님과 함께하는 삶을 살고 싶다면 사막으로 가야 합니다."

예수님의 유혹

예수님은 40일 동안 아무것도 먹지 않으셨습니다. 마귀가 예수께 "네가 만일 하나님의 아들이어든 명하여 이 돌들로 떡덩이가 되게 하라"고 말했습니다. 예수님은 대답하셨습니다 "사람이 떡으로만 살 것이 아니요"라고 기록되어 있습니다. 예수님은 아버지께서 정하신 금식 시간, 즉 아버지께서 정하신 경계를 벗어나고 싶지 않으셨던 것입니다. 마귀는 예수님에게 아버지께서 정하신 경계 밖에서 공급과 만족을 찾도록 유혹했습니다. 예수님은 아버지의 뜻에 자신을 낮춤으로써 시험을 통과하셨습니다. 예수님에게는 이기적인 권력 사용은 없었습니다. 그분의 순수한 목적 때문에 이런 유혹이 들어올 여지가 없었습니다. 예수님은 이미 자신이 하나님의 아들이라는 사실을 알고 계셨기 때문에 기적을 통해 이를 증명할 필요가 없었습니다.

이 모든 사막의 유혹에서 예수님은 놀라운 절제력을 보여주셨습니다. 예수님에게는 돌로 빵을 만드는 것이 잘못된 것이 아니라 아버지의 영광을 위한 일이고 그분의 권위 아래서만 가능한 일이었습니다. 예수님은 지름길을 택하지 않으셨습니다. 그는 아버지께서 정하신 때와 장소를 기다리셨습니다.

이는 특히 지도자의 위치에 있는 사람에게는 매우 중요합니다. 우리는 이기적인 동기로 은사를 과시하는 것을 거부해야 합니다. 우리는 항상 자신의 부당한 권력 사용을 통해 사람들을 조종하지 않으신 예수님의 모범을 따라야 합니다. 우리는 동기를 깨끗이 하고 아버지께 대한 헌신을 강화함으로써 유혹의 시작을 근절해야 합니다.

그분께 기대는 법을 배우십시오

우리 모두는 인생에서 기댈 수 있는 '벽'이 다릅니다. 우리는 삶의 빈 공간을 많은 것으로 채우고 싶은 유혹을 받습니다. 불안정하고 명성을 얻고자 하는 야망이 있는 지도자는 자신의 은사를 과시하기 쉽습니다. 음식이나 섹스, 돈에 지나치게 의존하는 사람들도 있습니다.

여러분이 사역의 무대에 서는 것을 좋아하는데 하나님께서 여러분이 기대고 있는 벽을 '제거'하신다면, 그것은 좋은 일일 수도 있습니다. 어쩌면 그는 사람들 앞에서 느끼는 높은 성취감에 대한 의존도를 낮추려는 것일 수도 있습니다.

여러분이 느끼는 '높은 곳'이 성령의 기름 부으심이 아니라는 뜻일까요? 아마도 그 모든 것이 성령의 기름 부으심은 아닐 것입니다. 아마도 인간의 감정, 음악의 힘, 성령의 힘이 섞여 있을 것입니다. 43년 동안 예배를 인도해 왔지만, 어떤 예배 인도 상황에서는 여전히 제 육신이 영광에 대한 욕망에 끌려가는 것을 느낄 수 있습니다. 육신은 항상 우리와 함께합니다. 마귀는 항상 우리를 유혹할 적절한 때를 기다리고 있다는 사실을 항상 인식해야 합니다. 직장에서 큰 거래를 성사시키는 것이 '최고'일 수도 있습니다. 직장에서 잘하는 것이 당신을 소모하고 신앙을 타협하도록 강요하지 않는 한, 직장에서 잘하는 것은 잘못된 것이 아닙니다.

우리는 성공할 때 중요한 존재라고 느낍니다. 사역을 하거나 고층 건물을 짓거나… 너무나 많은 경우들이 있습니다. 직업에서 성공하는 것이 잘못된 것은 아닙니다. 그러나 때때로 하나님은 우리 삶의 풍경을 바꾸시고, 과거의 행동이나 직업에 대해 '아니오'라고 말하라고 요구하십니다. 어쩌면 당신의 '최고'는 새 신발 한 켤레를 사는 것일 수도 있습니다. 하지만 쇼핑으로 인한 감정적 고조는 너무 빨리 사라지고 너무 비싸다는 것을 알게 됩니다. 어쩌면 하나님이 당신의 갈망을 충족시킬 다른 방법을 찾으라고 넌지시 말씀하시는 것일 수도 있습니다.

두 번째 시험

광야에서 예수님의 두 번째 시험에서 마귀는 예수님께 세상의 모든 왕국을 보여주며 "이르되 만일 내게 엎드려 경배하면 이 모든 것을 네게 주리라"(마 4:9)라고 말했습니다. 예수님은 마귀가 '이 세상의 모든 왕국'을 제안했을 때 흔들리지 않으셨습니다. 예수님은 미끼를 물지 않으셨습니다. 권력과 명예를 탐하지 않으셨습니다. 예수님에게는 아버지 안에서 필요한 모든 것이 있었습니다. 아버지와 아들 사이의 이 오래된 사랑의 유대는 예수님이 이 땅을 걸으시면서 계속되었습니다.

사탄이 예수님께 던진 유혹은 예수님이 곧 시작하실 구체적인 사역과 직접적으로 관련이 있었습니다. 사막의 유혹이 있은 직후 예수님은 물을 포도주로 바꾸고, 병자를 고치고, 어린 소년의 점심 식사로 많은 군중을 먹이는 기적을 행하기 시작했습니다. 예수님은 자신의 능력을 올바른 일에 사용하셨습니다. 예수님은 자신의 이익을 위해 기적의 능력을 사용하지 않으셨습니다.

많은 사람들 앞에 서는 공적인 사역을 하고 있다면, 자신의 지위를 이기적인 영광을 위해 사용하고 싶은 유혹을 받을 수 있습니다. 절대 두려워하지 마십시오. 여러분이 주님을 기쁘시게 하는 데 전적으로 헌신한다면 걱정할 것이 없습니다. 불법적인 영역에 발을 들여놓기 시작하면 영혼의 무언가가 불편하게 느껴질 것입니다. 성령에 의해 내재된 민감성 측정기는 스스로를 높이는 선택에 동조하지 않습니다. 여러분이 하나님을 기쁘시게 하기를 간절히 원한다면 그분은 여러분에게 그분의 생각에 접근할 수 있는 기회를 주실 것입니다.

우리에게는 재물이나 권력, 명성이 아니라 사랑이 필요합니다.

우리가 아버지의 사랑에 뿌리를 내리고 근거를 둔다면 부나 명성에 집착할 필요가 없습니다. 자신의 주장을 증명하기 위해 은사를 과시할 필요도 없습니다. 아버지의 은혜를 알면 유혹에 맞서 싸울 수 있습니다. 우리는 그분의 길을 선택하는 것이 최선이라는 확신이 있습니다.

'내려놓음'의 교훈은 우리가 그리스도인이 될 때 시작됩니다. 그 과정에서 하나님께서는 때때로 광야에서 재교육 과정을 주십니다. 갑자기 하나님께서 "이제 놓아주기 301'이라는 새로운 과정을 배울 시간이다"라고 말씀하신다는 것을 깨닫게 되며, "인생의 이 계절에 꼭 필요한 커리큘럼이다."라고 말씀하십니다. 우리는 무력함에서 정화의 여정을 통해 변화되고 다시 돌아옵니다. 예수님처럼 우리도 우리에게서 힘을 빼앗는 것을 허용해야 합니다. 세례 요한이 말했듯이 그는 커져야 하지만 나는 작아져야 합니다.

> "우리가 통제할 수 있다는 착각에서 벗어나 그 통제권을 하나님께 돌려드리는 법을 배우기 위해서는 어떤 형태의 고통이 필요합니다. 하나님은 어떻게든 우리의 고통 속에 계시며 심지어 그것을 선하게 사용하실 수도 있습니다. 그 사실을 깨닫지 못하면 마음을 닫고 문을 닫게 됩니다."

자아의 자연스러운 반응은 자신을 보호하려는 것입니다. 인생이 예기치 않은 방향으로 흘러가더라도 괴로워하지 말고 더 나아져야 합니다. 상황을 통제하려는 마음을 비우면 더 많은 하나님으로 채워질 것입니다. 우리 안의 모든 것은 고통을 피하고 싶어 합니다. 하지만 광야 여정의 주인이 하나님이시라면 도망할 필요가 없습니다. 대신 사막에서 주님의 도움을 구하십시오. 고통받는 데살로니가 교회에 보낸 바울의 편지에서 그는 고통이 멈추기를 기도하지 않습니다. 그는 성도들의 마음이 강해지고 서로에 대한 사랑이 더 커지고 넘치도록 기도합니다.

당신이 사막에 있다면, 하나님께서 당신 안에서 무엇을 하고 계신지 물어보십시오. 마음을 열어두시고, 자존심이 마음과의 싸움에서 이기도록 내버려 두지 마십시오. 자신의 삶을 통제할 수 없다고 느껴질 때, 하나님께서 여러분을 그분과의 더 깊은 우정으로 초대하고 계실 수도 있습니다. 이런 시간을 통해 우리는 믿음과 충성심, 인내를 배울 수 있습니다. 우리는 우리가 '무엇을 얻고 있든' 하나님과의 친밀감에서 성장합니다. 진정한 친구는 특별한 혜택이나 보답이 없을 때 가까이 붙어 있습니다. 하나님은 우리의 연약함 속에서도 그분에 대한 우리의 신뢰와 믿음을 소중히 여기십니다.

여러분이 기대고 있는 '벽'이 아버지의 경계 밖에 있는 것은 아닌가요? 잘못된 지지대를 내려놓음으로써 만족을 찾으십시오. 내 생각을 버리고 하나님의 생각을 얻으십시오. 그리고 겸손한 길을 택하시기 바랍니다. 여러분을 방해하는 과거의 행동을 버리십시오. 여러분의 지위와 특권이 여러분을 위한 하나님의 최선으로부터 멀어지게 한다면 그것을 주장하지 마십시오. 하나님께서 무언가를 놓으라고 인도하신다면 그냥 놓으면 됩니다. 그러면 더 많은 평화를 얻게 될 것이며, 더 행복해질 것입니다. 보수는 좋지만 가족과 떨어져 지내야 하는 힘든 직업을 가지고 있다면 조정이 필요할 수도 있을 것입니다.

아버지에게 "다음은 무엇인가요?"라고 물어보십시오. 아버지는 다음 단계로 나아갈 수 있는 은혜를 주실 것입니다. 진정한 행복은 거짓된 지지를 버리고 사랑의 아버지 하나님과 강하게 연결된 신뢰하는 자녀가 되는 데서 비롯됩니다. 그러면 신앙 모험의 다음 단계를 준비할 수 있습니다.

4장
겸손한 사람은 의에 굶주립니다

여러 종류의 사람들이 예수님의 사랑과 권위와 겸손 때문에 예수님께 매료되었습니다. 예수님의 치유 능력을 굳게 믿었던 로마 군인, 종교 지도층의 상층부에 속했던 니고데모라는 바리새인 등 사회 엘리트들 중 일부 역시 예수님께 매료되었습니다. 그러나 대부분 예수님과 어울리기를 좋아했던 것은 평범하고 신앙이 없는 가난한 사람들이었습니다.

그들은 왜 예수님께 끌렸을까요? 그것은 배고팠기 때문입니다. 예수님은 음식을 배불리 먹을 수 있게 해주었습니다. 그들은 아팠고 예수님은 치료자였습니다. 많은 사람들이 예수의 기적에 경외감을 느꼈고, 예수님의 가르침에 담긴 놀라운 권위를 인정했습니다. 그들은 예수님의 권위의 원천이 더 높은 곳에서 나온다는 것을 알았습니다. 유대에서 예수님의 출현은 그들이 본 것 중 가장 큰 사건이었습니다.

사람들은 겸손한 왕이 마음을 열고 환영해 주었기 때문에 그에게로 몰려들었습니다. "수고하고 무거운 짐 진 자들아 다 내게로 오라 내가 너희를 쉬게 하리라 나는 마음이 온유하고 겸손하니 나의 멍에를 메고 내게 배우라 그리하면 너희 마음이 쉼을 얻으리니"(마 11:28-29) 그들은 예수님께 받아들여졌다고 느꼈고 동시에 더 높은 삶을 추구하도록 도전받았습니다. 예수님은 겸손한 태도로 일반 민중과 거리를 두지 않으셨습니다. 국적, 종교, 성별에 관계없이 모든 사람들과 대화할 준비가 되어 있었습니다. 그는 좋은 경청자였을 것입니다. 그는 자신과 다르다는 이유로 사람들을 무시하지 않았으며, 누구도 차별하지 않았습니다. 하지만 하나님을 진정으로 사랑하지 않고 일반 사람들이 하나님을 아는 것을 방해하는 바리새인들에게는 때때로 엄격하셨습니다.

사람들은 예수님이 그들을 판단하지 않으셨기 때문에 그분 곁에서 편안함을 느꼈습니다. 예수님은 그들과 친구가 되셨습니다. 예수님에게는 편애가 없었습니다. 사회의 '바람직하지 않은 사람들'을 눈 아래로 내려다보지 않았습니다. 그분에게는 모두 바람직했습니다. 친한 친구였던 '죄인'들의 반응으로 볼 때, 예수님은 매우 친근하게 다가갔습니다. 그는 도전적인 말씀을 전하면서도 희망으로 가득 찬 즐거운 말씀을 전했습니다. 그의 첫 번째 기적을 위해 그는 결혼식을 위해 약 150갤런의 물을 포도주로 바꿨습니다. 그는 즐거운 시간을 보내는 방법을 알고 있었습니다. 그의 '공개적인' 기적은 치유나 설교가 아니라 그가 가져올 풍성한 기쁨의 신호였습니다.

예수님에게는 사람들을 끌어당기는 매력이 있었습니다. 어떤 사람들은 그를 선지자라고 불렀습니다. 몇몇은 그를 메시아라고 불렀습니다. 어떤 호칭을 붙이든 사람들은 예수에게서 의로움을 느꼈습니다. 세리 삭개오처럼 예수님을 따르는 것 외에 다른 선택의 여지가 없다는 것을 알았던 사람들도 있었습니다. 예수님의 삶의 방식에 들어가기 위해 예수님의 가장 가까운 제자들은 경계를 버리고 과거의 삶을 내려놓고 예수님과 함께 생활을 시작했습니다.

의에 굶주렸던 세리 삭개오

존 윔버(John Wimber)는 "들어가는 길이 곧 가는 길이다"라고 자주 말했습니다. 하나님 나라로 들어가는 길은 하나님의 은혜를 받고 죄에서 돌이켜 예수님께로 향하는 것입니다. 왕국으로 가는 길은 똑같은 일을 계속하는 것입니다. 미친 소리처럼 들리지만, 예수님을 진심으로 따르는 우리는 때때로 예수님이 실제로 누구이신지 잊어버릴 수 있습니다. 우리는 예수님의 인격과 마음, 모범에 초점을 맞추지 않고 일상적인 삶에 얽매이게 됩니다. 삭개오의 이야기는 예수님을 따른다는 것은 우리 삶에서 그분의 의를 가로막는 모든 장애물을 제거하는 것을 의미합니다. 예수님을 따른다는 것은 그분께 찬송을 부르고 교회에 헌금하고 가족에게 잘하는 것 그 이상입니다. 그것은 그분의 은혜로 죄의 습관을 없애는 것을 의미합니다.

삭개오의 이야기는 회개와 구원에 관한 놀라운 이야기입니다. 그러나 이 이야기의 적용은 회심 경험 그 이상입니다. 삭개오는 탐욕의 삶에서 자신이 잘못한 사람들에게 아낌없이 갚아주는 예수를 따르는 사람으로 변화되었습니다. 삭개오는 의를 추구함으로써 하나님 나라의 방식으로 계속 나아가는 방법을 우리에게 보여줍니다.

삭개오는 로마 제국의 직원이었던 세리장이었습니다. 로마는 자체 인력을 동원하지 않고 최대한 많은 세금을 징수하기를 원했습니다. 그래서 삭개오와 같은 현지인들을 모집하고 징수한 세금의 일정 비율을 그들에게 주었습니다. 이 지역 주민들이 정부에 납부해야 할 금액보다 더 많이 걷은 금액은 모두 개인의 이익이었습니다. 누가는 삭개오가 부자였기 때문에 백성들에게서 많은 돈을 갈취하고 자신의 부하들에게도 그렇게 하도록 부추겼을 것이라고 말합니다. 이 시대와 문화에서 세리들은 유대인들에게 멸시를 받았습니다. 그들은 예배를 드리기 위해 성전 안뜰에 들어가는 것조차 허용되지 않았습니다. 그들은 더러운 추방자 취급을 받았습니다.

예수님이 여리고에 오셨을 때 삭개오는 예수님을 간절히 만나기 원했습니다. 그는 예수님이 마을에 오시기 전에 분명 급격한 마음의 변화를 겪었습니다. 삭개오에게 그 어떤 것도 예수님께 가까이 가는 것을 막을 수 없었습니다. 그의 행동은 예수님을 제외한 다른 사람들이 자신을 어떻게 생각하든 상관하지 않는다는 것을 보여주었습니다. 삭개오가 예수님께 매료된 것은 유명한 기적의 사역자에 대한 피상적인 호기심 그 이상이었습니다. 삭개오는 자신의 방식을 바꾸고 싶었습니다. 그는 회개할 준비가 되어 있었습니다. 삭개오의 이 한결같은 열정은 예수님을 첫사랑으로 삼는다는 것이 어떤 것인지 우리에게 일깨워 줍니다.

예수님이 나타나자 많은 군중이 예수님을 보기 위해 모였습니다. 왜 많은 군중이 예수님을 따랐을까요? 예수님이 유대 전역에서 사람들을 치유하고 계셨기 때문입니다. 예수님은 갈릴리 전역에서 왕국의 기쁜 소식을 선포하고 백성들의 모든 질병과 병을 고치셨습니다. 그는 이 지역에서 매우 유명했습니다. 예수님이 마을에 오셨을 때 그 소식은 들불처럼 퍼졌습니다.

그의 고향 여리고에서 삭개오는 비리 세금 징수원으로 악명이 높았습니다. 삭개오와 그의 동료들은 많은 사람들의 집 앞에 나타나 엄청난 세금을 요구했습니다. 삭개오는 유대인들이 자신을 싫어한다는 것을 알고 있었습니다. 그들은 그를 가장 더러운 죄인이라고 생각했습니다. 비록 유대인이었지만 그는 멸시받는 로마 정부와 결탁하고 있었기에, 삭개오의 형제들은 그를 배신자로 보았습니다.

삭개오는 키가 작아서 군중들 사이를 잘 볼 수 없었습니다. 그래서 그는 앞으로 달려가 무화과나무에 올라갔습니다. 나무에 오르는 것은 어린 소년들이나 하는 일이지, 많은 직원을 거느린 부자가 할 수 있는 품위 있는 행동이 아니었습니다. 예수님은 나무에 올라간 삭개오를 보셨을 때, 삭개오의 마음속에 무엇이 있는지 보셨을 것입니다. 사마리아 여인과 비판적인 바리새인들처럼 복음서의 여러 곳에서 예수님은 청중들의 동기와 생각을 알고 계셨음을 알 수 있습니다. 이 경우 예수님은 탐욕과 강탈의 삶에서 돌이키려는 삭개오의 진정한 열망을 보실 수 있었습니다. 의에 대한 삭개오의 갈망을 보셨던 것입니다.

예수님은 삭개오의 범죄를 넘어 그의 마음까지 보셨기 때문에 삭개오에게 따뜻하게 손을 내밀며 "삭개오야, 당장 내려와라. 나는 오늘 네 집에 머물러야겠다."고 말씀하셨습니다. 삭개오는 "왜 나랑 같이하고 싶어 하지?"라고 생각하며 깜짝 놀랐을 것입니다. 고대 근동에서 누군가와 함께 식사한다는 것은 그 사람을 친한 친구라고 부르는 것이었습니다. 예수님은 이 모든 사람들 앞에서 "삭개오야, 나는 네가 내 친구가 되기를 원한다."라고 말씀하신 것입니다. 세금 징수원의 집에 자신을 초대하는 것은 용서와 자비, 그리고 수용의 의사였습니다. 구경꾼들은 이 사실을 알고 깜짝 놀랐습니다. 그들은 투덜거리기 시작했습니다. "이 사람은 악명 높은 죄인인데 예수님이 그와 함께 식사를 하러 집에 가신다니!"라고 불평하기 시작했습니다. 모두가 삭개오가 사기꾼이라는 것을 알고 있었습니다.

삭개오의 죄의 무게와 예수님의 놀라운 은혜를 설명하기 위해 현대의 예를 들어보겠습니다. 2001년 엔론(Enron) 스캔들을 기억하시나요? 엔론은 1992년까지 북미에서 가장 큰 천연가스 판매업체가 되었습니다. 90년대에 들어서면서 회사는 빠르게 내리막길을 걷기 시작했지만 경영진은 회계상의 허점과 부실한 재무 보고를 통해 이를 은폐했습니다. 투자자와 주주들을 속이기 위해 회사의 수입과 부채에 대해 정직하지 못했습니다.

결국 엔론은 파산했습니다. 엔론의 자산은 634억 달러로 미국 역사상 가장 큰 규모의 기업 파산으로 기록되었습니다. 수천 명의 투자자와 회사 직원들이 투자금을 모두 잃었습니다. 엔론의 많은 경영진이 다양한 혐의로 기소되었고, 일부는 나중에 실형을 선고받았습니다. 케네스 레이(Kenneth Lay)는 엔론 스캔들의 얼굴이 되어 주요 뉴스를 장식했습니다. 주요 TV와 매스컴에서는 엔론에서 30년 동안 근무한 직원들이 퇴직금을 모두 잃었다는 이야기가 전해졌습니다. 직장과 모든 돈을 잃은 직원들의 끔찍한 불공평함을 볼 수 있었습니다.

속아 파산한 직원과 투자자들이 케네스 레이와 다른 엔론 경영진에 대해 느꼈을 혐오와 증오를 상상해 보십시오. 세리 삭개오에 대해 사람들이 느꼈던 혐오와 증오가 바로 이런 종류의 혐오와 증오입니다. 이제 엔론이 무너진 후 케네스 레이가 빌리 그레이엄 집회의 제단에 서는 모습을 상상해 보시기 바랍니다. 그가 진정으로 회개하고 자신의 죄에 대해 미안해했다고 상상해 보십시오. 그는 예수님을 영접하고 따를 준비가 되어 있었습니다. 예수님이라면 케네스 레이에게 어떻게 반응하셨을까요? 예수님은 삭개오에게 친구로 따뜻하게 맞아주셨던 것과 같은 방식으로 반응하셨을 것입니다.

예수님이 보여주신 이 급진적인 은혜는 우리가 예수님께 매료되는 주된 이유입니다. 그것은 우리가 그분처럼 되고 싶어하는 이유입니다. 하나님의 은혜를 받으면 그 은혜 안에서 살고 싶고 그 은혜를 베풀고 싶어집니다.

외적인 행동으로 나타나는 마음의 변화

삭개오가 예수님을 점심 식사에 초대하였을 때, 삭개오는 구경꾼들을 놀라게 하며 이렇게 말했습니다. "주님, 지금 여기에서 제 소유의 절반을 가난한 사람들에게 나누어 주고, 만약 제가 누구를 속인 것이 있다면 그것에 네 배를 갚겠습니다." "우와!" 예수님이 우정의 손길을 내밀었을 때, 삭개오는 누구에게나 훔친 금액의 네 배를 다시 갚겠다고 약속했습니다. 존 윔버는 삭개오의 반응에 대해 "그것이 구원이 아니라면 구원이 올 때까지는 그렇게 할 것이다."라고 말하곤 했습니다.

예수님은 삭개오의 약속에 대해 "예수께서 이르시되 오늘 구원이 이

집에 이르렀으니 이 사람도 아브라함의 자손임이로다"고 말씀하셨습니다(눅 19:9). 삭개오는 '아브라함의 아들'인 유대인이었습니다. 그는 유대 율법에 따라 훔친 물건을 최소한 전액 상환해야 하고, 경우에 따라서는 20%를 추가로 상환해야 한다는 사실을 알고 있었을 것입니다. 어떤 경우에는 훔친 것의 두 배를 갚아야 하는 경우도 있었습니다.

삭개오는 유대 율법의 요구 사항을 훨씬 뛰어넘어 훔친 금액의 4배를 갚겠다고 제안했습니다. 삭개오의 지나친 관대함은 눈물과 값비싼 향수를 예수님의 발에 아낌없이 뿌린 한 여인을 생각하게 합니다. 예수님은 죄 많은 삶을 살았던 이 여인에 대해 "많이 용서받으면 많이 사랑하게 된다."고 말씀하셨습니다. 삭개오도 마찬가지였습니다. 그는 예수님의 아낌없는 사랑과 용서를 느끼고 감동을 받아 관대함으로 응답했습니다.

예수님은 삭개오에게 우정을 베풀기 전에 아무것도 요구하지 않으셨다는 사실에 주목하시기 바랍니다. 모든 마음을 아시는 예수님은 겸손한 자에게 은혜를 베푸셨습니다. 삭개오는 많은 용서를 받았습니다. 그리고 그는 넘치는 관대함으로 응답했습니다. 하나님의 풍성한 은혜를 경험하면 다른 사람에게도 똑같이 베풀고 싶어집니다. 우리는 마음 깊은 곳에서 상처를 받고 주님을 기쁘시게 해드리는 것 외에는 아무것도 원하지 않습니다.

삭개오는 믿음의 변화뿐만 아니라 탐욕과 부정직에서 관용과 정의로 행동의 변화까지 약속했습니다. 그가 가난한 자에게 베푼 이 선물로 용서를 산 것이 아니라는 점에 주목하십시오. 자비는 삭개오가 일을 바로잡겠다고 약속하기 전에 예수님이 그에게 베풀어 주신 것입니다. 삭개오는 자신에게 베풀어지는 자비를 직관적으로 감지하고 관대함에 대한 아낌없는 약속으로 친절하게 응답했습니다.

내면과 외면의 순수성

삭개오가 산 중턱에서 말씀하신 예수님의 산상수훈을 듣고 있었는지 궁금합니다. "네 의가 바리새인의 의를 능가해야 한다."는 예수님의 말씀을 들었는지 궁금합니다. 예수님께서 "잔의 겉만 깨끗이 하고 속은 깨끗이 하지 않는" 바리새인들을 꾸짖으시는 말씀도 들으셨을까 궁금합니다. 그들은 사랑, 순결, 의로움이라는 근본적인 문제를 소홀히 했습니다. 삭개오는 겉으로 드러나는 행동만이 중요한 것이 아니라는 사실을 깨달은 것 같습니다. 행동 뒤에 숨은 동기와 마음이 중요한 것입니다. 삭개오는 외적인 의로운 행동과 함께 내적인 순결을 추구했습니다.

삭개오는 세리라는 자신의 강력한 지위를 남용했습니다. 예수님께서 산상수훈에서 직면하신 바로 이런 상황입니다. 예수님의 말씀은 폭력적 관계의 핵심을 꿰뚫고 있습니다. 예수님은 사람들에게 권력을 내려놓고 진정한 사랑이 무엇인지 배우라고 하셨습니다. 그는 "문제는 단순히 살인 문제만이 아닙니다. 살인의 근저에 있는 분노와 증오가 문제입니다."… 형제나 자매에게 화를 내는 사람은 누구나 심판의 대상이 될 것입니다… 가서 화해하십시오." 그러므로 미움을 버려야 합니다.

예수님과 삭개오의 첫 만남을 본 사람들을 상상해 보십시오. 삭개오에게 사기를 당한 사람 중 일부는 나중에 분노에 가득 찬 채 예수님을 찾아와 그의 도둑질에 대해 고함을 질렀을 것입니다. 어떤 이들은 그를 협박하기도 했습니다. 이런 상황은 논쟁의 양측 모두에게 중대한 결정의 순간입니다.

삭개오의 피해자들은 보복 대신 평화와 화해를 추구하라는 예수님의 가르침을 기억했을까요? 삭개오는 다른 뺨을 돌려대라는 예수님의 가르침을 기억했을까요? 예수님은 우리를 학대하는 사람들에게 보복하는 대신 우리 자신을 연약한 존재로 만들라고 가르치셨습니다. 고대 근동에서는 보복의 법칙이 널리 받아들여졌습니다. 복수나 보복을 추구하는 것은 합법적이었습니다. 누군가에게 빼앗긴 것을 대신하기 위해 동등한 가치를 지닌 무언가를 빼앗을 수 있었습니다. 예수님은 우리에게 갚아야 한다고 고집하지 말라고 말씀하십니다. 대신 기꺼이 잘못을 당하는 고통을 감수하고 힘을 내려놓아야 합니다.

예수님은 또한 "누구든지 네 오른뺨을 치거든 왼뺨도 돌려대라"고 말씀하셨습니다. 누군가의 오른쪽 뺨을 때리는 것은 일종의 공개적인 수치였습니다. 오른손으로 오른쪽 뺨을 백핸드로 때리는 것이었습니다. 예수님은 "다른 쪽 뺨도 돌려대라"고 말씀하십니다. 그러면 왼쪽 뺨이 노출되어 오른손으로 왼쪽 뺨을 때리는 폭력적인 공격에 노출됩니다. 따라서 자신을 취약하게 만드는 것입니다.

그날 삭개오는 많은 군중 앞에서 자신을 취약하게 만들었습니다. 자신이 죄인임을 드러냄으로써 그는 희생자들을 그에게로 초대했습니다. 예수님과의 첫 대화에서 그는 옳은 선택을 했고, 그것은 힘든 선택이었습니다. 우리가 모르는 것은 그가 나중에 무엇을 했는지입니다. 그는 공개적으로 한 약속을 지켰나요? 지금까지 저는 이 이야기를 마치 삭개오가 훔친 세금을 갚겠다는 약속을 완전히 지킨 것처럼 다뤘습니다. 하지만 실제로 그가 돈을 갚았는지 여부는 알 수 없습니다. 올바른 동기는 올바른 행동으로 이어져야 합니다. 예수님에게 청렴은 내적, 외적 의로움을 의미했습니다.

겸손의 핵심 의미를 잠시 다시 살펴봅시다. 하나님의 소원에 복종한다는 뜻입니다. 즉, 심령이 가난하다는 뜻으로 하나님의 방법이 승리하도록 허용하는 것을 의미합니다. 이를 염두에 두고, 여러분의 삶에서 옳은 일을 하고자 하는 열망과 행동이 일치하지 않는 영역이 있나요? 누군가에게 보상해야 할 일이 있나요? 우리는 하나님의 사랑에 대한 내면의 지식에만 빠져서 외적인 행동, 즉 옳은 일을 하는 것을 소홀히 하지 않도록 조심해야 합니다.

예수님은 우리에게 기꺼이 잘못을 감수함으로써 다른 사람들과 관계의 다리를 놓으라고 촉구하십니다. 그는 도움이 필요한 사람들에게 아낌없이 베풀고, 평판을 얻기 위한 목적이 아니라 은밀하게 베풀라고 가르쳤습니다. 저는 삭개오가 훔친 돈을 갚고 가난한 사람들에게 기부하겠다고 공개적으로 약속한 것은 "은밀하게 기부하라"는 예수님의 가르침에 대한 예외였다고 생각합니다. 삭개오는 일상적으로 사람들을 속이는 로마 정부의 대리인으로 널리 알려져 있었기 때문에 공개적으로 회개하고 배상하겠다는 약속을 하는 것이 적절했습니다.

이런 의로움에는 변화된 마음이 필요합니다. 종교적 규칙만 따를 수는 없습니다. 하나님의 은혜로운 사랑에 몰입하면 분노, 정욕, 탐욕을 회개하고 극복할 수 있는 힘을 얻게 될 것입니다. 하나님은 겸손한 자에게 은혜, 즉 옳은 일을 할 수 있는 힘을 주십니다. 그분의 영은 우리 자신의 영과 결합하여 우리가 옳은 일을 할 수 있도록 힘을 줍니다.

예수님은 도마에게 "네가 나를 본 것이 곧 아버지를 본 것"이라고 말씀하셨습니다. 삭개오와 같이 미움을 받는 세리를 기꺼이 맞아주시는 예수님을 볼 때, 우리는 우리를 향한 아버지의 은혜로운 사랑과 자비를 떠올릴 수 있습니다. 그분의 친절하심은 우리가 그분께 쉽게 의지할 수 있게 합니다. 그분의 능력 주시는 은혜는 순종을 가능하게 합니다.

이것은 예수님에 대한 겸손한 응답의 표시입니다. 여러분 자신의 마음속에 있는 어둠을 뿌리 뽑고 올바르게 행함으로써 예수님을 따르는 것입니다. 겸손은 우리의 어둠의 행동과 그 행동의 근본적인 문제로부터 회개로 이어집니다.

겸손: 옳은 일을 행함

예수님의 지상 생애를 목격한 사람들은 의를 위해 일어서는 지도자를 보았습니다. 그들은 불의가 뒤집히는 것을 보았습니다. 그들은 예수에게서 힘 있는 사람이 약하고 버림받은 사람들을 돕는 것을 우선시하는 모습을 보았습니다. 그들은 그분의 은혜와 의로움에 매료되었습니다. 우리는 옳은 일을 하는 사람들을 존경하며, 그들처럼 되고 싶어 합니다. 우리는 그것이 옳은 일이라는 것을 직감적으로 알고 있습니다.

하나님은 모든 자녀의 의식 속에 옳고 그름에 대한 감각을 심어주셨습니다. 세상에는 '정의롭게 행동하고 자비를 베푸는' 비기독교인들도 많이 있습니다. 그들은 하나님의 형상대로 만들어졌기 때문입니다. 그리고 그들은 정의가 옳다는 것을 직감적으로 알고 있습니다. 정의를 행하고 자비를 베푸는 사람을 보면 마음속에서 진실이 울려 퍼집니다.

예수님의 겸손은 바로 여기에 있습니다. 예수님의 사명은 어떤 대가를 치르더라도 사람들을 돕는 것이었습니다. 그는 종교 당국으로부터 거부당하는 것을 신경 쓰지 않았습니다. 그는 편한 것이 아니라 중요한 일을 했습니다. 그는 많은 사람들의 사랑을 받았지만 인기 때문에 동기를 부여받은 것은 결코 아니었습니다. 그는 사람들을 기쁘게 하는 것이 목적이 아니었습니다. 용서하고, 치유하고, 가난한 자를 먹이고, 죽은 자를 살리신 예수님을 모두가 사랑했습니다. 하지만 모든 사람이 예수의 변화된 마음과 자기희생적인 사랑에 대한 빠른 부름을 받아들일 수는 없었습니다.

삭개오는 세금 징수 일을 그만두면서 외적인 습관과 마음까지 모두 바꿔야 했습니다. 그는 자신의 이익을 위해 사람들에게서 돈을 갈취하는 일을 그만둬야 했습니다. 그는 학대를 당하지 않도록 자신을 취약하게 만들어야 했습니다. 그리고 빚을 갚기 위해 삭개오에게 찾아온 사람들은 한때 원수였던 사람을 사랑하는 법을 배워야 했습니다.

삭개오처럼 우리도 관계의 다리를 놓아야 합니다. 우리는 사람을 이용하지 말고 우리의 힘을 선을 위해 사용해야 합니다. 분노를 없애고 화해를 추구하며 정욕을 회개하고 순결을 추구해야 합니다. 우리는 평판을 얻기 위해서가 아니라 남몰래 선한 일을 해야 합니다. 누군가 도움이 필요할 때 우리는 '더 많은 노력을 기울이고' 요청받은 것보다 더 많은 일을 해야 합니다.

삭개오의 어린아이 같은 열심을 따라야 합니다. 필요하다면 나무에 올라가서라도 예수님을 뵙는 데 방해가 되지 않도록 해야 합니다. 주님이 요구하시는 것을 행하시기 바랍니다. 그것은 비판적인 구경꾼에 대한 두려움을 버리는 것입니다.

불의한 생각이나 욕망, 행동을 할 때마다 죄에서 돌이켜 예수님께로 향해 그분의 은혜를 받아야 합니다. 하나님은 겸손한 자를 도우십니다. "주님, 죄인인 저를 불쌍히 여기소서"라는 세리의 기도를 드리면 믿음이 더 깊어질 수 있습니다. 이 기도를 드리면 하늘의 창, 즉 여러분이 옳은 일을 할 수 있는 하나님의 능력이 열립니다. 예수님이 삭개오에게 "나는 당신의 친구가 되고 싶다"고 말씀하셨던 것과 같은 방식으로 여러분에게 응답하실 것입니다.

삭개오처럼 우리도 비교할 수 없는 사랑 때문에 예수님께 이끌렸습니다. 우리는 자신을 '낮고 겸손한 마음'이라고 묘사하신 분에게서 위로를 얻습니다. 그 위로를 받은 우리가 옳은 일을 하라는 예수님의 가르침에 무감각해지지 않기를 바랍니다. 겸손은 예수님 방식대로 행동하는 것을 의미합니다. 이것들을 실천할 때 우리는 그리스도를 닮아가게 됩니다.

5장
하나님께 '예'라고 말하는 십대 소녀

하나님께 '예'라고 말하기

여러분이 이 상상할 수 없는 상황의 주인공이라고 잠시 생각해 보시기 바랍니다. 당신은 결혼하기로 약혼한 13세 소녀입니다. 거대한 천사가 나타나 당신이 성령으로 임신할 것이라고 알려줍니다. 이 거대하고 빛나는 천사의 존재가 당신의 얼굴을 쳐다보고 있고 당신은 압도당하는 느낌을 받습니다.

네, 여러분도 그 이야기를 알고 있습니다. 잠시 마리아의 입장이 되어보십시오. 천사가 마리아에게 인사하며 말했습니다. "당신은 정말 복되십니다. 주님께서 당신과 함께 계십니다." 이 천사가 바로 가브리엘 천사입니다. 가브리엘이 그리스도보다 약 600년 전에 다니엘에게 나타났을 때 다니엘은 너무 겁에 질려 땅에 엎드렸습니다. 그는 천사와의 경험 이후 며칠 동안 아팠습니다. 매우 두려웠다는 것 외에 마리아는 어떤 생각을 했을까요? "좋아요, 당신이 나한테 원하는 게 뭔가요? 나는 천사를 본 적이 없어서 무서워요."

겁에 질린 천사가 계속 말했습니다. "천사가 이르되 마리아여 무서워하지 말라 네가 하나님께 은혜를 입었느니라 보라 네가 잉태하여 아들을 낳으리니 그 이름을 예수라 하라 그가 큰 자가 되고 지극히 높으신 이의 아들이라 일컬어질 것이요 주 하나님께서 그 조상 다윗의 왕위를 그에게 주시리니"(눅 1:30-32) 하나님께서 마리아에게 "놀라움을 주셨다."는 것은 과소평가입니다.

　인생에는 다양한 종류의 놀라움이 있습니다. "방금 집에 불이 났어요!" 또는 상사가 "미안하지만 오늘이 마지막 날입니다."라고 말하는 것과 같은 것입니다. 천사와의 만남의 첫 순간에 마리아는 가브리엘의 방문을 나쁜 놀라움으로 여겼을지 궁금합니다. 마리아가 무슨 생각을 했는지는 알 수 없습니다.

　아마도 마리아는 "이 천사가 방금 나에게 말한 것은 어머니가 나에게 임신에 대해 가르쳐 준 것과는 아무 상관이 없다."라고 생각했을 것입니다. 역사상 어떤 여성도 '성령으로 임신'한 적이 없었으니까요. 마리아가 스스로에게 "이 문제에 대해 나에게 정말 선택권이 있을까?"라고 말했을까요? 마리아가 무슨 생각을 했는지, 어떤 감정을 느꼈는지 정확히 알 수 있는 방법은 없습니다. 하지만 궁금하지 않을 수 없습니다.

마리아는 평범한 십대 소녀였습니다.

　성탄절 시즌에 이 이야기를 들으면 우리는 이 이야기를 동화처럼 받아들입니다. 우리는 이야기의 결말을 알고 있기 때문에 "당연히 마리아는 옳은 일을 한 거야"라고 생각합니다. "그래, 동정녀 탄생, 정말 대단한 일이야"라고 말합니다. 하지만 이 기적은 완전히 전례가 없는 일이었습니다. 어쩌면 마리아는 "네가 착한 천사인가, 아니면...?"라고 궁금해했을지도 모릅니다. 우리는 이 십대가 느꼈을 충격과 불안을 이해하거나 경험할 수 없습니다.

마리아는 천사에게 "남자와 자 본 적이 없는데 어떻게 임신을 할 수 있나요?"라고 물었습니다. 천사가 성령으로 아이를 잉태할 것이라고 설명했을 때 마리아의 기분이 조금이라도 나아졌을지 궁금합니다. 마리아는 고대 이스라엘의 전형적인 10대 소녀였습니다. 아마 집과 동네 밖에서 보내는 시간이 거의 없었을 것입니다. 여성은 아버지가 함께 있지 않으면 남성과 대화할 수 없는 것이 관습이었기 때문입니다.

1세기 팔레스타인에서 여성은 2등 시민으로 여겨졌습니다. 예수님은 곧 이 전통을 뒤집어 놓으실 것입니다. 마리아 시대에 여성은 그저 권위 있는 남성이 시키는 대로 했을 뿐이었습니다. '예의 바른' 여성에게는 선택의 여지가 없었습니다. 남자가 시키는 대로 하든지, 아니면 이 경우에는 거대한 남자 천사가 시키는 대로 하든지 말입니다.

처음에 그녀의 반응이 어떠했든, 이 남자 천사와의 대화가 끝날 무렵 그녀는 "좋아요, 하나님의 뜻이 저에게 이루어지게 해주세요."라고 말했습니다. 그녀는 이 천사가 진정 하나님이 보내신 분이라고 확신했습니다. "내가 무슨 일에 휘말리게 될지 정확히 모르겠지만 일단 시작해볼게요. 내 직감이 이게 옳다고 말해주세요."

하나님의 음성을 듣는다는 것이 바로 이런 것이 아닐까요? 베드로와 요한은 예수님이 "와서 나를 따르라"고 말씀하셨을 때 이것이 옳다는 것을 바로 알았습니다. 그들이 즉시 직장을 그만두고 설교자이자 치유자이신 예수님을 따랐던 이유를 다른 말로는 설명할 수 없습니다. 마태가 예수님이 "와서 나를 따르라"고 초대했을 때 즉시 직장을 그만

둔 것과 같은 이유입니다.

마리아의 마음은 하나님께 맞춰져 있었습니다.

천사에 대한 마리아의 반응에 대한 가장 좋은 설명은 그녀가 이미 하나님을 독실하게 따르는 사람이었다는 것입니다. 마리아는 여호와를 사랑하고 따르기 위해 최선을 다하고 있었습니다. 하나님은 모든 것을 아시는 분이시기에 역사상 단 한 번뿐인 이 특별한 임무를 위해 마리아를 선택하셨습니다. 하나님은 마리아가 그분께 응답할 준비가 된 마음을 가지고 있다는 것을 알고 계셨습니다. 그렇다고 해서 하나님께서 마리아에게 '예'라고 대답하라고 강요하신 것은 아닙니다. 그는 마리아의 응답을 기다리셨습니다. "저는 주님의 종입니다." 마리아가 대답했습니다. "마리아가 이르되 주의 여종이오니 말씀대로 내게 이루어지이다 하매 천사가 떠나가니라"(눅 1:38) 그녀의 삶에 대한 하나님의 부르심이 미친 듯이 느껴졌지만, 마리아는 그것이 옳다는 것을 알았습니다.

마리아는 이미 하나님의 영에 대한 민감성과 겸손함을 키워왔기 때문에 천사의 말이 사실로 들렸던 것입니다.

"저는 이걸 원하지 않았습니다"

천사 가브리엘의 마리아 방문은 할리우드 영화에서나 나올 법한 극적인 장면이었습니다. 마리아는 약 9개월 동안 천사의 말을 곰곰이 생각하며 뱃속에서 아기가 자라는 것을 느꼈습니다.

그러자 상황이 어려워졌습니다. 마리아와 약혼자 요셉은 사생아를 낳았다는 비난과 거절을 견뎌야 했습니다. 그러다가 헤롯이 모든 신생아를 죽이라고 명령했다는 경고 때문에 마을을 떠나야 했습니다. 왕이 나신다는 소식이 새어 나왔습니다.

마리아는 하나님께 "왜 저를 선택해야만 했나요?"라고 물었을까요? 예수님의 어머니가 되는 일은 마리아가 선택한 일이 아닙니다. 하나님이 선택하셨습니다. 이 어린 10대 소녀는 이 역할이 얼마나 고통스럽고 황홀한 일인지 전혀 몰랐습니다.

우리 중 일부는 직업을 선택할 수 있는 선택권이 있었습니다. 다른 사람들에게는 이 직업이 우리에게 강요된 것처럼 느껴지기도 합니다. 우리는 우리가 찾을 수 있는 최고의 기회를 잡았습니다. 아니면 가능한 유일한 직업을 택했을 수도 있습니다. 가족의 사업에서 일하면서 "내가 원해서 한 일이 아닌데"라는 생각을 자주 할 수도 있습니다. 롤러코스터 같은 경험일 수도 있고, 인생의 진정한 열정과 무관한 지루한 직업일 수도 있습니다.

하나님의 소명

신약성경에서 하나님의 백성에 대한 가장 빈번한 묘사 중 하나는 하나님의 '부르심'을 받는다는 것입니다. 바울은 사도로 부름을 받았습니다. 모든 그리스도인은 "예수 그리스도에게 속하도록 부름을 받았습니다." 모든 그리스도인은 "하나님의 사랑을 받고 성도로 부르심을 받았으며 그분의 목적에 따라 부름을 받았습니다." 우리 모두는 하나님의 가족에 속하고, 그분의 사랑을 받고, 일상생활에서 하나님을 대표하도록 부름받았습니다. 우리의 소명은 우리가 어떻게 살고, 생각하고, 행동하는지를 결정합니다.

하나님의 부르심과 인생의 우연은 어떻게 충돌할까요? 지금의 직업에 대해 어떻게 생각하시나요? 쉬는 시간이 거의 없이 24시간 내내 일하는 어머니와 같은 사람인가요 아니면, 사무실에서 일하거나 교사나 트럭 운전사인가요? 자신의 직업을 어떻게 생각하시나요? 하나님이 주신 천직이라고 생각하시나요? 매일 하는 일이 즐겁지 않을 수도 있습니다. 매우 어려운 직종으로 부름 받은 많은 사람들과 같이 여러분도 "내가 원해서 한 일이 아니다"라고 말할 수 있습니다.

저는 4년제 대학 학위를 취득하고도 졸업 후 원하는 분야에서 일자리를 찾지 못한 사람들을 많이 알고 있습니다. 그들은 자신의 기술과 경험을 활용해 최선을 다하고 가능한 한 많은 일들을 성취합니다. 만약 그들이 자신의 직업이 마음에 들지 않는다면, 그것은 그들이 그 일을 하도록 하나님의 부르심을 받지 않았다는 것을 의미할까요? 아닙니다. 그것은 단지 그들이 기대했던 것과는 다르다는 것을 의미합니다.

"어떤 종류의 진정한 부르심은 보통 우리가 어떤 종류의 심각한 반대가 있는 곳, 우리가 부적절하다고 느끼는 곳, 즉 우리 자신의 고의와 우리 인생이 어떻게 될 것이라고 생각했던 선입견에 직면하는 곳, 하나님이 우리에게 요구하시는 일이 완전히 불가능하다고 생각하거나 위험을 감수하고 싶지 않은 곳으로 우리를 데려갑니다."

예수의 포로

사도 바울은 가이사(Caesar)에게 항소했다가 로마로 끌려가 투옥되었을 때 불평하지 않았습니다. 그는 그것을 자신의 소명의 일부로 여겼습니다. 그는 빌립보 교회에 보낸 편지에서 자신을 '그리스도 예수의 포로된 바울'이라고 소개했습니다. 와우! 그는 '로마 정부의 포로된 바울'이라고 말하지 않았습니다. 그는 하나님이 모든 상황에 대한 주권자라고 생각했습니다.

바울은 자신을 향한 하나님의 모든 것을 알고 계시고 사랑으로 돌보시는 것을 확신했기 때문에 주저하지 않고 자신을 예수의 포로라고 말했습니다. 바울은 이 모든 사건의 배후에 예수님이 계신다고 생각했습니다. 바울은 하나님이 주신 이 임무를 마지못해 받아들였을까요? 전혀 그렇지 않습니다.

이 편지의 후반부에서 바울은 빌립보에 있는 친구들에게 "항상 기뻐하라!"고 권면하고 있습니다. 감옥에 갇힌 바울이 친구들에게 기운을 내라고 말하고 있습니다. 바울은 하나님의 은혜로 교도관들에게 묶여 있는 동안에도 기운을 낼 수 있는 방법을 찾았습니다. 성령의 내주하심을 받으면 모든 종류의 성가신 상황을 극복할 수 있습니다. 가끔 교통 체증에 '감금'되어 15분 정도 지체되면 불평할 때가 있습니다. 하나님의 주권에 대한 믿음이 더 커지면 좋겠습니다.

바울은 모세, 요셉, 그리고 원하지도 않고 부탁하지도 않은 일을 한 수많은 제사장 및 선지자와 같은 사람들과 함께 지내고 있습니다. 바울의 경우, 하나님의 지혜가 그의 감옥 임무에서 빠르게 발휘되는 것을 볼 수 있습니다. 바울은 매일 4시간씩 교대로 여러 명의 로마 간수에게 묶여 있었습니다. 이 간수들은 바울이 복음을 전할 때마다 바울을 포로로 잡았습니다. 이 시기의 역사적 기록에 따르면 로마 정부의 지배층이 그리스도를 믿게 되었다고 합니다. 바울과 함께했던 엘리트 근위병들이 왕실 가족들에게 복음을 전했을 가능성이 높습니다.

남편이나 남자친구에게 버림받은 미혼모는 어떤가요? 지금 이 순간에도 전 세계에는 수백만 명은 아니더라도 수십만 명의 미혼모가 있을 것입니다. 안타깝게도 세상에는 여러 명의 자녀를 낳고 아내를 버리는 무책임한 남성들로 가득합니다. 수입을 벌어다 줄 남편이 없고 하루 24시간 아기를 돌봐야 하는 미혼모는 외로움과 빈곤의 감옥에 갇힌 것처럼 느껴질 수 있습니다.

감옥에 갇힌 것처럼 느껴질 때는 겸손이 필요합니다. 우리는 수천 번 "하나님, 이것은 당신의 일입니다. 당신이 통제하고 계십니다. 나는 내 인생을 통제할 수 없어요. 나는 내 상사를 통제할 수 없습니다. 제 학생들… 제 아이들의 행동… 제 고객들을 통제할 수 없습니다. 저에게 주어진 업무의 종류도 통제할 수 없습니다. 하지만 제가 이 자리에 있는 한, 제 주변 사람들에게 봉사할 것입니다."

'평범한 직장'에서 일하는 것도 성직자의 일만큼이나 하나님의 소명입니다. 아내, 남편, 아들, 딸 등 인생의 지위가 무엇이든 모두 하나님으로부터 받은 '소명'입니다. 세속적인 일과 성스러운 일 사이에는 구분이 없습니다. 우리는 모든 것을 주님께 하는 것입니다.

아내는 엄마가 된 초기에 베네딕토회(Benedictine) 수도사 돔 훔베르트 반 젤러(Dom Humbert van Zeller)가 쓴 책을 읽었습니다. 그 책은 『주부를 위한 거룩함: 그리고 다른 일하는 여성들(Holiness for Housewives: and Other Working Women)』입니다. 아내는 미혼인 이 남자가 주부나 엄마가 되는 것에 대해 무엇을 알 수 있을까 궁금했습니다. 하지만 그의 메시지는 지속적인 영향을 미쳤습니다. 기본적으로 저자는 자녀를 낳고 기르는 것도 하나님의 소명의 일부라고 썼습니다. 마침표, 마침표. 계획하거나 기대하지 않았더라도 무릎에 떨어진 직업을 신성한 소명으로 받아들이는 것입니다.

그것은 신뢰의 문제입니다. 어떤 사람들은 변호사나 부동산 판매, 교사 집안 출신입니다. 그래서 자연스럽게 그 길을 따르게 됩니다. 우리 모두는 특정한 배경과 독특한 길을 걷고 있습니다. 어린 시절과 청소년기에 최고의 교육과 모범을 보여줄 수 있는 좋은 교육을 받은 가정에서 태어나지 않았다고 해도 하나님은 공평하고 정의로우시다고 믿을 수 있을까요?

여기서 우리는 믿음과 겸손의 교차점을 볼 수 있습니다. "네, 하나님, 저는 당신이 저를 만드신 방식과 제가 가진 수천 가지의 사건과 개인적 특성으로 인해 오늘날의 저를 있게 한 모든 것을 받아들입니다."

저는 때때로 제가 사업가였으면 좋겠다고 생각합니다. 저는 신앙이 강한 그리스도인이면서 사업적으로도 성공한 사람들을 존경합니다. 최근에 그런 사업가 중 한 사람의 이야기를 들었습니다. 그는 동료들에게 자신이 진정으로 믿는 매우 유익한 사역에 아낌없이 기부할 것을 권유하고 있었습니다. 그의 강연을 들으며 그의 마음과 인생 여정에 감탄하고 있을 때 하나님께서 저에게 "너는 화살이다"라고 말씀하셨습니다.

다시 말해, 하나님은 "나는 너를 사업에 부른 것이 아니다. 너는 내 왕국의 예배와 축복을 가져다주기 위해 내가 원하는 곳이면 어디든 쏠 수 있는 화살이다."라고 말씀하신 것입니다. 제게는 집에서 봉사하고 노래와 책을 쓰고 세계 여러 나라에 가서 제가 가진 것을 나누는 것을 의미합니다.

기분이 어떠하든 소명을 수행하는 것

인생에서 소명을 실천한다는 것은 하나님이 주신 직업에 자신을 낮추는 것입니다. 부모라면 다른 사람에게 영향력을 끼치는 사람으로 성장할 어린아이를 양육하고 훈련하는 일을 해야 합니다. 여러분은 지구상의 그 누구보다 아이들에게 깊은 영향을 미칠 것입니다. 자녀가 없더라도 여러분의 인격과 말, 시간과 에너지를 들여 하는 일로 수많은 사람들에게 영향을 미칩니다.

우습게 들리겠지만 마리아가 예수님을 키우면서 '평범한 엄마'가 되고 싶다는 상상을 몇 번이나 했을까 궁금합니다. 마리아는 메시아의 어머니로서 많은 충격적인 경험을 겪었습니다. 아침에 일어나서 병든 양들이 하룻밤 사이에 신비롭게도 완전히 건강해진 것을 발견하는 것과 같은 혜택도 있었을 것입니다. 또는 부러진 테이블 다리가 갑자기 새것처럼 좋아졌을 때. 결혼식에서 포도주가 떨어졌을 때 마리아는 누가 이 문제를 해결할 수 있는지 알고 있었습니다.

하지만 예수님이 공생애를 시작하자 모든 것이 엉망이 되었습니다. 마리아의 식탁에서 오갔던 이야기를 생각해 보십시오. "예수는 미쳤어요. 자기가 누구라고 생각하는 거지?" 예수님이 여기저기서 사람들을 치유하고 수천 명의 굶주린 사람들을 먹이고 있다는 사실을 깨달았을 때 마리아는 또 다른 어려운 도전에 직면해야 했습니다. "당신 아들이 하는 일을 보세요"라는 동네 사람들의 말을 생각해 보시기 바랍니다. "당신 아들이 우리 집에 와서 물을 포도주로 바꿀 수 있겠어요?"

저도 이웃들이 "당신 아들이 뭐 하는지 보세요"라고 말하는 것을 몇 번 경험한 적이 있습니다. 하지만 그건 행복한 순간도, 행복한 이웃도 아니었습니다. 제 아들들은 사람들을 치유하고 먹이는 것이 아니었으니까요. 불을 피우고 이웃집 수영장에 자몽을 던지고 자전거 타이어에 펑크를 내는 등... 더 많은 이야기를 들려줄 수 있습니다. 공정하게 말하자면 제 아이들도 착하고 도움이 되는 일을 많이 했습니다.

자녀가 있다면 육아가 매우 힘들고 속상할 수 있다는 것을 알고 계실 겁니다. 힘이 들 때면 "언제 끝날까?"라고 스스로에게 물어볼 수도 있습니다. 제가 아직 언급하지 않은 경우를 대비해 말씀드리자면 저는 8명의 자녀가 있습니다. 대가족을 둔 것에 대한 후회는 없고 가끔씩 압도당하는 느낌이 들 뿐입니다.

부모가 되는 일 외에도 하나님께서 우리를 그분의 형상대로 빚어 가시는 데 사용하는 압도적인 일들이 많이 있습니다. 항공사 직원, 식당 종업원, 교통경찰 등 사람들에게 봉사하는 일은 어떤가요? 중독자를 돌보는 일은 어떤가요? 아니면 늙고 병든 부모님을 돌보는 것은 어떤가요? 아니면 장애인을 위한 시설에서 일하는 건 어떤가요? 아니면 저소득층 밀집 지역에서 초등학교 1학년을 가르치나요? 여러분은 자신의 직업이 그다지 중요하지 않다고 생각할 수도 있습니다. 하지만 하나님은 다른 현실을 보십니다.

"나는 이 직업을 원하지 않았어."라고 생각한다면, 당신은 마리아, 모세, 요셉, 그리고 결코 예측할 수 없었던 길을 걷게 된 수많은 다른 사람들의 대열에 합류한 것입니다. 그들은 모두 하나님이 원하시는 대로 자신을 쓰시도록 내버려 두었습니다. 마리아는 가브리엘이 나타났을 때 일생일대의 놀라움을 경험했습니다. 하지만 그녀는 "나는 주의 종입니다. 주님의 뜻이 이루어지게 하소서."라고 했습니다.

우리는 미래를 예측할 수 없습니다

대가족을 갖는 것은 아내가 어릴 적에 상상했던 일이 아니었습니다. 10대 후반에 그녀의 목표는 독신 선교사가 되는 것이었습니다. 결혼은 그녀에게 흥미가 없었습니다. 하지만 결혼한 지 5년이 지나자 아내는 아이를 갖고 싶다는 비전을 품게 되었고, 그 후로 모든 것이 바뀌었습니다. 우리는 그 비전을 품고 달려왔습니다. 그리고 지금도 계속 달리고 있습니다. 우리는 열정적으로 아이 갖기에 뛰어들었습니다. 저희는 가족을 소중히 여깁니다. 하지만 모든 부모가 그렇듯 저희도 여러 면에서 큰 대가를 치렀습니다.

육아는 많은 인내와 인내, 겸손이 필요한 하나님의 장기적인 소명입니다. 10대 초반이나 10대 초반의 자녀들이 부모에게 하는 말을 생각해 보십시오. "울타리 너머의 잔디는 더 푸르다"라고 생각할 날이 많을 것입니다.

어쩌면 여러분의 장기적인 소명은 육아가 아니라 25년 이상 해온 같은 직업이나 직종에 머무는 것일 수도 있습니다. 마리아처럼 자신의 소명에 자신을 낮출 때, 하나님은 여러분을 충성스럽고 신뢰할 수 있으며 이기심 없는 사람으로 만들어주십니다. 여러분이 어디에 있든 하나님의 사랑과 평화의 대사가 되라는 하나님의 부르심을 받았다는 사실을 기억하십시오.

우리 모두는 직업이 무엇이든 자신의 삶보다 더 오래 지속될 유산을 남길 수 있는 기회가 있습니다. 마리아는 그리스도를 잉태하고 그분의 어린 시절을 양육하는 것을 큰 영광으로 여겼습니다. 우리 모두가 때때로 감옥에 갇힌 것처럼 느껴지더라도 하나님께서 우리 주변에 두신 사람들을 사랑하는 것이 얼마나 큰 특권인지 깨닫게 되기를 바랍니다.

다음은 마리아가 천사 가브리엘의 방문을 받고 부른 노래의 일부입니다. "마리아가 이르되 내 영혼이 주를 찬양하며 내 마음이 하나님 내 구주를 기뻐하였음은 그의 여종의 비천함을 돌보셨음이라 보라 이제 후로는 만세에 나를 복이 있다 일컬으리로다"(눅 1:46-48)

하나님의 주머니 속 변화

오하이오주 콜럼버스에 있는 빈야드 교회의 리치 나단(Rich Nathan) 목사는 설교에서 "존 윔버는 우리가 주님의 주머니에 있는 느슨한 거스름돈이 되어 주님이 원하시는 곳에 마음대로 써야 한다." 라고 말하곤 했습니다. "주님, 제가 있는 곳에 저를 쓰고 싶으시다면 저를 쓰세요. 저를 해외에 보내고 싶으시다면 그곳에 보내주세요, 하나님. 저를 사역이나 직업, 비영리 단체, 어린이나 노인과 함께 일하는 데 쓰고 싶으시다면 그렇게 하세요." 당신은 "하나님, 제 인생의 이 계절에 절대적인 권리를 주님께 드립니다."라고 기도해 본 적이 있나요? 당신은 젊은이이거나 독신일 수도 있고, 은퇴자이거나 빈 둥지일 수도 있습니다.

저는 존 윔버가 설교에서 '하나님의 주머니 속의 변화'라는 용어를 여러 번 사용하는 것을 들었습니다. 저는 이 표현을 계속 떠올립니다. 우리 문화에서 사람들은 모든 종류의 특권을 누릴 자격이 있다고 생각합니다. 하나님의 위대한 계획안에서 그분은 우리에게 무엇이든 원하시는 대로 하실 수 있습니다.

"라틴 아메리카로 오세요"

올해 초 저는 멕시코 마사틀란(Mazatlan) 지역의 많은 가난한 사람들을 섬기는 빈야드 교회에서 예배를 인도하고 가르치고 있었습니다. 마지막 날 밤, 저는 멕시코 현지 교인들을 위한 수련회에서 예배를 인도하고 있었습니다.

그 모임에는 사람들이 잘 참석하지 않았습니다. 수천 킬로미터를 날아가서 한 장소에 도착하는 것이 어렵고, 때로는 소수의 사람들만 모임에 참석하는 경우도 있습니다. 하지만 그만한 가치가 있습니다(발레 르 페냐, vale le pena). 도움이 필요한 사람들에게 다가가기 위해 자신의 삶을 쏟아 붓고 있는 지역 교회와 협력하는 것입니다.

비록 작은 모임이었지만 이번 모임에서 저는 스페인어로 예배를 인도하는 것이 정말 즐거웠습니다. 예배가 끝나고 마이크를 내려놓고 무대에서 내려오는데 "나는 당신의 주머니 속 잔돈이니 마음대로 쓰세요"라는 노래가 저절로 불렸습니다. 그때부터 그 순간 시작된 작은 곡을 완전한 곡으로 발전시켰습니다.

올해 남아메리카를 여행했을 때, 하나님께서는 이전에 들었던 말씀을 다시 한번 분명하게 말씀해 주셨습니다. 칠레 산티아고에 있는 빈야드 교회에서 예배를 인도하고 가르치고 있었습니다. 집회가 끝나고 맨 앞줄에 앉아 있었는데, 성령님께서 강력하게 임하셔서 조용히 앉아 기다렸습니다. 하나님께서 제게 두 번이나 분명하게 말씀하셨어요. "남아메리카에 계속 오세요."

이것은 제가 자주 드리는 기도에 대한 하나님의 응답의 일부였습니다. "하나님, 제가 다음에 무엇을 하길 원하시나요?" 분명히 말씀드리지만, 다른 대륙에 가는 것이 우리 이웃을 돕는 것보다 더 영적인 것은 없습니다. 제가 하는 일의 일부일 뿐입니다. 무슨 일을 하라고 부르셨나요?

저는 겸손에 대한 마들렌 랭글(Madeleine L'Engle)의 설명을 좋아합니다. "겸손은 무언가 또는 다른 사람에게 온전히 집중하여 자신을 버리는 것입니다." 이것은 예수님의 지상 생애에 대한 적절한 설명입니다. 예수님은 아버지에 대한 순종으로 우리를 위해 자신을 버리셨습니다. 하지만 그분은 이야기의 결말을 알고 계셨습니다. 그는 아버지와 재결합하여 아버지와 함께 통치할 것을 알고 계셨습니다.

우리 삶에 대한 하나님의 부르심에 '예'라고 대답할 때 하나님의 좋은 일을 기대할 수 있기를 바랍니다.

6장
예수님처럼 행동하기

"사람이 누릴 수 있는 가장 큰 기쁨은 대가를 바란다는 생각 없이 다른 사람을 위해 무언가를 하는 것입니다."

존 우든(John Wooden), 전 UCLA 농구 코치

더러운 일을 하셨던 예수님

예수님의 섬기는 삶에서 가장 큰 하이라이트 중 하나는 제자들의 발을 씻기신 것입니다. 이것은 집안의 하인들이나 할 수 있는 일이었습니다. 이 일의 더러움과 악취는 지독했습니다. 예수님 당시 비포장 도로는 동물 배설물과 온갖 오물로 가득했습니다. 베드로는 예수님께서 이런 식으로 자신을 섬기라고 하셨을 때 충격을 받았습니다. 그는 예수님의 제안을 강력히 거부했습니다.

진흙탕을 걸을 수 없는 현대에 발을 씻는다는 것은 어떤 의미일까요? 게일 어윈(Gayle D. Erwin)은 그의 고전적 저서인 『예수 스타일(The Jesus Style)』에서 현대의 세족식에 대한 몇 가지 예를 소개합니다.

"누군가 시간을 내어 제 이야기를 들어주면 마치 발을 씻은 것 같은 기분이 듭니다. 칭찬을 받으면 내 발이 씻긴 것 같은 기분이 듭니다. 누군가가 나와 기쁨을 나눌 때 내 발이 씻긴 것 같습니다. 누군가 짐을 나누거나 고백할 만큼 내 귀를 소중히 여

길 때 내 발이 씻겨졌다고 느낍니다."

평생의 충성심

저는 아버지가 병환 중인 어머니의 마지막 7년 동안 간병하는 모습을 멀리서 지켜보았습니다. 아버지는 로스앤젤레스에 계셨고 저는 캐나다 밴쿠버에 살고 있었습니다. 어머니는 알츠하이머병과 여러 신체적 문제를 앓고 계셨습니다. 70대 중반과 80대 초반에는 아버지가 어머니의 주 간병인이었습니다. 아버지는 심각한 심장 질환을 앓고 계셨기 때문에 24시간 내내 간병을 하는 것은 매우 힘든 일이었습니다.

결국, 생의 마지막 2년 동안 저희는 어머니를 요양 시설로 옮길 수밖에 없었습니다. 어머니의 몸과 마음이 너무 악화되어 더 이상 집에 모실 수 없었기 때문입니다. 저는 멀리 떨어져 살았기 때문에 많은 도움을 드리지 못했습니다. 저는 일 년에 몇 번씩 로스앤젤레스를 방문했고, 도시에 있는 날이면 항상 요양원에 계신 어머니를 찾아뵈었습니다. 두 여동생과 아버지는 현지에 살면서 엄마를 돌보는 일을 고스란히 떠맡았습니다.

병으로 인해 말년에 어머니는 종종 짜증을 내고 까다롭게 굴었습니다. 이는 이전의 밝고 재미있던 어머니의 성격과는 너무나 대조적이었습니다. 그녀는 평생 동안 시끌벅적한 방 안의 소음보다 더 크게 들리는 잊을 수 없는 웃음을 지녔습니다. 길고 천천히 그리고 건강이 쇠퇴하는 동안 그녀는 완전히 다른 사람이 되었습니다. 어머니가 살아 계실 때에도 우리는 평생 알고 사랑했던 어머니를 잃은 슬픔에 빠져 있었습니다.

은혜를 갚을 수 없는 사람들을 위해 봉사하기

정신 질환을 앓고 있는 사람은 사랑하는 간병인에게 감사를 표현하기는커녕 정상적인 대화조차 할 수 없습니다. 사랑을 돌려줄 수 없는 사람을 섬기는 일은 쉽지 않지만, 우리를 더 사랑스러운 사람으로 만들어 줍니다. 우리는 순간순간, 매일매일 이기심 없이 사랑하기 위해 최선을 다합니다. 그러나 우리는 왜 하나님이 한 사람에게 그렇게 오랫동안 고통을 허락하시는지 이해할 수 없기 때문에 좌절합니다.

엄마를 방문하는 것은 일종의 현대판 세족식이었습니다. 어머니가 계신 요양원 앞길에 도착해 주차를 하고 나서 배가 아팠던 기억이 납니다. 혼란스럽고 무력해 보이는 어머니를 보는 것은 고통스러운 일이었습니다. 종종 그녀가 저에게 한 첫 마디는 "여기서 뭐 하는 것이냐?"였습니다. 저는 어머니를 휠체어에 태우고 테라스로 모시고 가 밥을 먹이고 이야기를 나누곤 했습니다. 대화가 어려웠습니다.

그런 상황에서 겸손을 배웁니다. 우리는 종종 무력감을 느낍니다. 우리는 그 과정이나 그 사람을 통제할 수 없기 때문입니다. 남몰래 하는 단순한 친절의 행위입니다. 은밀하게 행해지는 친절의 행동입니다.

우리는 존중받거나 인정받을 권리를 포기할 수밖에 없습니다. 우리는 낮고 작은 자리를 차지합니다. 우리는 사랑하는 사람을 고칠 수 없기 때문에 무력감을 느낍니다. 우리는 이 연약한 사람을 온전하게 만들 수 없습니다. 오직 하나님만이 변화를 가져올 수 있다는 것을 알기에 우리는 희망을 붙잡고 기다리고 또 기다립니다. 때때로 우리는 치유를 기다리는 것이 아니라 가족이 죽기를 기다리고 있다는 것을 알고 있습니다. 끝이 가까웠다는 것은 분명합니다.

이 힘든 시기에 어머니를 자비롭게 보살피는 아버지를 보면서 아버지에 대한 존경심이 커졌습니다. 아버지는 "죽음이 우리를 갈라놓을 때까지 아내를 사랑하고 소중히 여기겠다."는 결혼 서약을 이행하고 계셨습니다. 그는 때때로 매우 좌절했지만, 아내를 계속 돌보았습니다.

한 번에 한 사람만 돌보는 것, 이것이 인생에서 중요한 것을 요약하는 한 가지 방법입니다. 아프리카 선교사 하이디 베이커(Heidi Baker)는 이렇게 말했습니다. "저는 예수님도 단 한 사람을 위해 목숨을 바치셨을 것이라고 믿습니다. 예수님은 자신을 비우시고, 자신을 낮추셨으며, 아버지의 사랑에 자신을 내어주셨기 때문에 그분은 자신의 야망이 없었습니다. 그분은 제국을 건설하려 하지 않으셨고, 칭찬이나 찬사를 원하지 않으셨으며, 누가 얼마나 많은 사람들이 그분을 따르는지에 대해 사람들에게 깊은 인상을 남기려 하지도 않으셨습니다. 그분은 단 한 사람, 단 한 생명을 위해 몇 번이고 멈추셨습니다."

외로움

저는 어머니가 계신 요양원의 간호 직원들로부터 많은 환자들이 친척의 방문을 한 번도 받지 못했다는 사실을 알게 되었습니다. 남편과 자식들이 매일 방문해도 어머니에게 요양원 생활은 힘든 시련이었습니다. 사랑하는 사람의 방문을 전혀 받지 못한다면 얼마나 힘들지 상상할 수 없습니다.

우리는 외롭고 고립된 영혼들로 가득한 세상에 살고 있습니다. 사람들은 진정한 관계에 목말라합니다. 입원 중인 친구를 방문하는 것은 그들에게 사랑의 오아시스입니다. 우리는 그들이 자신의 이야기를 전할 말을 찾을 때까지 인내심을 가지고 기다립니다. 경청하는 과정에서 우리는 자신을 아낌없이 내어주고 겸손한 자세를 취합니다.

"이 주제를 연구하는 한 학자의 주요 연구에 따르면 미국인의 약 20%인 약 6천만 명이 외로움으로 인해 삶에 만족하지 못한다고 합니다. 서구 전역에서 의사와 간호사들이 외로움의 전염병에 대해 공개적으로 말하기 시작했습니다... 우리 조상들은 상상도 할 수 없었을 고립된 환경에서 살고 있습니다... 우리는 그 어느 때보다 서로에게서 멀어지고 외로워졌습니다..."

"세상을 바꾸고 싶다면 집에 가서 가족을 사랑하라"는 마더 테레사(Mother Teresa)의 말이 정곡을 찔렀습니다. 세상은 한 번의 대화로 변화합니다.

인생을 바꾼 어머니와 아들의 대화

데이비드 아이젠하워(David Eisenhower)는 10살 되던 해, 할로윈

밤에 형들과 함께 사탕을 받으러 갈 생각에 매우 들떠 있었습니다. 하지만 그의 부모님은 그를 보내지 않았습니다. 부모님은 그가 너무 어리다고 생각하셨습니다. 데이비드는 심하게 화를 냈습니다. 그는 부모님께 형제들과 함께 갈 수 있게 해달라고 사정했습니다. 분노에 찬 그는 비명을 지르며 울부짖고 나무를 손으로 때렸습니다.

그의 아버지는 그를 때리고 침대로 보냈습니다. 나중에 그의 어머니는 아들을 위로하러 와서 무릎에 앉히고 부드럽게 흔들었습니다. 조용한 시간이 흐른 후 어머니는 잠언 16장 32절 "노하기를 더디하는 자는 용사보다 낫고 자기의 마음을 다스리는 자는 성을 빼앗는 자보다 나으니라"를 인용했습니다. 그녀는 그에게 다른 사람에 대한 괴로움을 마음속에 품는 것이 얼마나 위험한지 설명했습니다. 분노에 매달리면 자신을 손상시키고 가두어 버릴 수 있습니다.

66년 후 일흔여섯 살이 된 아이젠하워는 "나는 항상 그 대화를 내 인생에서 가장 소중한 순간 중 하나로 되돌아보곤 합니다. 어렸던 제 눈에는 몇 시간 동안 이야기를 나눈 것 같았지만, 15분이나 20분 만에 나쁜 관계가 끝났던 것 같습니다. 적어도 그녀는 제가 틀렸다는 것을 인정하게 해주었고 저는 잠들 수 있을 만큼 마음이 편안해졌습니다."

다음은 발 씻기의 또 다른 예입니다. 이 사례에서는 한 사람과 조용히 앉아 친절한 말을 건네는 것이 얼마나 오래 지속되는지 알 수 있습니다. 아이다 아이젠하워는 모든 신앙심 깊은 어머니들이 하는 일을 하고 있었습니다. 그녀는 어린 아들을 위로하고 상담하고 있었습니다. 그녀는 자신이 미국 대통령이 될 소년의 인격을 형성하고 있다는 사실을 몰랐을 것입니다. 그녀는 이 20분간의 대화가 아들에게 인생을 바꾼 가장 중요한 순간 중 하나로 기억될 줄은 꿈에도 몰랐을 것입니다. 천천히, 꾸준히, 겸손하게 우는 아이에게 연민을 표현하는 일은 위기의 순간에는 보이지 않는 장기적인 이점을 가져다줍니다. 이것은 상처받은 아이에게 사랑을 보여주는 또 다른 '은밀한 장소'의 순간이었습니다. 하나님께서는 여러분이 동정심을 갖고 돌보는 데 보낸 모든 친절한 말과 매 순간, 매시간을 보십니다. 하나님은 그런 신실함을 보시고 시간이 오래 걸리더라도 보상해 주십니다. 수 세기 동안 어머니는 자녀와 학생들의 인성을 형성하는 데 큰 영향을 미쳤으며, 이들 중 일부는 지도자와 영향력 있는 사람이 되었습니다. 아브라함 링컨은 "내가 지금 존재하고 있고, 되고자 하는 모든 것은 천사 같은 어머니에게 빚지고 있다."고 말했습니다.

만약 데이비드 아이젠하워가 비생산적이고 모나고 튀는 삶을 살았다면 어땠을까요? 그가 아이다의 지혜와 지도를 모두 무시했다면 어땠을까요? 그러면 아이다가 데이비드를 보살핀 가치가 달라졌을까요? 아닙니다. 사랑했다면 성공한 것입니다. 사도 바울의 말처럼 "사랑을 최고의 목표로 삼았다면" 당신은 잘한 것입니다. 우리는 사랑을 받는 사람이 어떻게 반응할지 통제할 수 없습니다.

예수님을 만나고 만나기

겸손한 섬김의 마음을 보여주는 이야기가 하나 더 있습니다. 그렉

폴(Greg Paul)은 1990년대 초 토론토의 가장 가난한 지역 중 한 곳에서 봉사 활동을 시작했습니다. 그는 토론토 에이즈 위원회(the AIDS Committee of Toronto, ACT)에서 다양한 일을 돕는 자원봉사를 했습니다. 나중에 그는 중독자, 매춘부, 노숙자들로 가득한 동네의 교회에서 목회했습니다.

ACT는 그렉에게 닐(Neil)이라는 장애인을 돕는 일을 맡겼습니다. 닐과 함께한 첫 몇 달은 평범했지만, 하나님의 계시를 경험하는 놀라운 시간으로 끝났습니다. 그렉은 닐의 산책로를 삽질하고, 쓰레기를 버리고, 장보기와 기타 집안일을 하며 겨울을 보냈습니다. 닐은 부유했고 이러한 서비스 비용을 쉽게 지불할 수 있었기 때문에 그렉은 더욱 짜증이 났습니다. 닐은 장애인이 이용할 수 있는 다양한 종류의 무료 지원을 잘 활용하고 있었습니다.

이 모든 무료 지원이 과연 옳은 일인지 의문이 들었지만 그렉은 닐을 계속 도왔습니다. 몇 달 동안 닐을 도운 후, 그는 닐의 실질적인 필요는 충족되었지만, 그가 끔찍하게 고립되어 있다는 사실을 깨달았습니다. 닐은 자신을 찾아온 다양한 서비스 제공자 중 누구와도 의미 있는 관계를 맺지 못했습니다. 도우미들은 모두 전문적이지만 인간관계가 단절되어 있었습니다. 그렉은 닐이 실질적인 도움 외에 다른 것을 원한다는 것을 감지했습니다. 그는 "제가 그저 잡다한 일만 도와드려야 하는 건 알지만, 닐은 친구를 원하시는 것 같아요. 그게 당신이 원하는 거라면 친구가 되고 싶어요."라고 말했습니다. 닐은 즉시 "그렇게 하고 싶어요"라고 대답했습니다.

몰몬교 배경을 가진 닐은 다양한 철학적 사상을 접목시켜 자신만의 독창적인 영성을 만들어냈습니다. 두 사람의 관계 내내 그렉은 닐에게 예수님을 전할 적절한 순간을 참을성 있게 기다렸습니다. 그는 닐에게 복음을 강요하지 않았습니다. 그는 그저 섬기며 적절한 때가 올 때까지 기다렸습니다. 그렉은 닐의 집안일을 계속 도왔지만, 대부분의 시간을 앉아서 대화하는 데 보냈습니다. 둘은 미술관, 공원, 수목원 등 시내 곳곳을 여행하기도 했습니다.

이렇게 우정을 쌓은 지 약 1년이 지나자 닐의 건강이 심각하게 악화되기 시작했습니다. 크리스마스 무렵 닐은 휠체어에 갇혀 산소 탱크에 의존하고 있었습니다. 그는 방향 감각을 잃고 겁에 질렸으며 끔찍하게 쇠약해졌습니다. 몇 주 후 그렉은 닐의 집에 들렀습니다. 평소처럼 집에 들어갔지만, 아래층에 있는 닐을 발견하지 못했습니다. 그는 계단을 올라가 닐의 침실로 올라갔습니다.

그렉은 "닐은 침대에서 소리 없이 공황 상태에 빠져 몸부림치고 있었고, 잠옷 하의와 침대 시트가 발목에 감겨 있었으며, 가느다란 팔을 부질없이 휘저으며 자신을 벗어나려고 애쓰는 얼굴에는 공포에 질린 표정이 역력했다."고 적었습니다. 그는 몸을 더럽혔고 사방이 더러워져 있었다. 그는 자신이 어디에 있는지, 자신에게 무슨 일이 일어나고 있는지 확신하지 못하고 혼란스러워했습니다.

그렉은 뜨거운 물로 목욕을 하고, 닐을 화장실로 옮겼습니다. 그리고 침대를 청소했습니다. 목욕을 마친 후 그렉은 닐의 연약한 몸을 다시 침대로 옮겼습니다. 닐은 대부분 피부와 뼈만 남아있었고, 지쳐서 피부는 회색으로 변해 있었습니다. 그때 닐은 목욕 후에도 그렉의 발이 여전히 더러운 것을 발견했습니다.

"수건을 가져와서 그의 발을 닦았습니다. 그렇게 하는 동안 저는 강력한 계시로만 설명할 수 있는, 두 가지 생각의 흐름이 저를 감싸고 있는 것을 느꼈고, 두 가지 모두 하나님의 음성인 것 같았습니다. 그분의 발을 제 손에 감싸 안고 최후의 만찬에서 제자들의 발을 씻기시던 예수님이 수건을 허리에 두르시고 종의 역할을 단호하게 수행하시는 모습이 머릿속에 가득했습니다." "나는 옷이 필요했고, 당신은 나를 입혔고, 나는 아팠고, 당신은 나를 돌보았습니다....... 이 형제자매 중 지극히 작은 자 하나에게 한 것이 곧 내게 한 것입니다."

그렉은 1년 넘게 닐에게 예수님을 전하기 위해 인내심을 갖고 기다렸습니다. 점점 약해져 가는 순간에 닐은 자신이 죽어가고 있다는 것을 알았습니다. 그는 그렉의 기도를 받아들였습니다. 기도하는 동안 닐은 잠이 든 것 같았지만, "예수님의 이름으로"라는 강한 목소리로 그렉의 기도를 마쳤습니다. 그렉은 닐을 섬김으로써 스스로를 약하게 만들었습니다. 그는 자신의 힘을 내려놓고 자신의 필요에 집중하는 것을 멈추고 고통받는 사람에게 집중했습니다. 하나님께서는 그렉이 죽어가는 사람을 위해 자신의 생명을 내려놓을 때 귀중한 진리를 그에게 보여주셨습니다. 이 우정은 무조건적인 사랑에 기초한 것이었습니다. 그렉은 닐에게 어떤 '보답'도 요구하지 않았습니다. 그렉은 닐의 영적 신념이나 성격, 취향에 관계없이 닐을 자비롭게 돌보았습니다.

그렉은 이 경험이 자신을 어떻게 형성했는지 되돌아봅니다. "아무도 치유할 수 없는 제가 그분 곁에 있다고 해서 모든 것이 해결되는 것은 아니라는 것을 깨닫게 되었습니다. 사람들 사이에 있다는 것은 밖에 있는 것이 아니라 그들 가운데 있다는 것을 의미합니다. 그것은 그들 위에 있는 것이 아니라 그들과 함께 있다는 것을 의미합니다. 그것은 그들의 고통이나 굴욕감을 외면하지 않고 그것을 바라보고, 그들의 고통에 상처받을 용기를 갖는 것을 의미합니다."

그렉은 닐과의 경험을 통해 '예수님을 만나고 보는 것'에 대해 이야기합니다. 우리 모두가 그렉과 같은 깨달음, 즉 우리가 섬기는 사람 안에서 예수님을 문자 그대로 볼 수 있는 영적 시력의 은사를 가지고 있는 것은 아닙니다. 우리 중 많은 사람들은 "여기 내 형제자매 중 지극히 작은 자 하나에게 한 것이 곧 내게 한 것이니라"는 예수님의 말씀을 더 미묘하게 깨닫습니다.

그렉은 닐을 섬김으로써 매우 의도적으로 겸손한 행동을 취했습니다. 그는 봉사라는 영적 훈련에 자신을 복종시켰습니다. "훈련이란 제자에게 요구되는 것, 즉 스승을 따르고 본받기 위한 의도적인 선택 또는 일련의 선택입니다... 영적인 삶에서 훈련이란 계획하거나 기대하지 않았던 일이 일어날 수 있는 공간을 만드는 것을 의미합니다. 예수님이 되는 것은 행동의 훈련입니다."

이 세 가지 이야기의 공통점은 무엇일까요?

한 번에 한 사람씩 돌보는 것이 중요합니다. 상처받은 사람과 함께 단순하고 사소한 일을 하며 시간을 보내는 것입니다. 때때로 우리는 그냥 들어줍니다. 스스로 도울 수 없을 때 다른 사람의 필요에 관심을 기울입니다. 어려운 일을 수행하고 어려운 사람들과 함께할 수 있는 하나님의 은혜를 받습니다.

  이것은 우리 자신의 필요보다 다른 사람의 필요를 우선시하는 예수님의 겸손한 모범을 따르는 것입니다. 갚을 수 없는 사람에게 베푸는 것, 예수님처럼 자신을 취약하게 만드는 것, 누군가의 문제를 '해결'할 수 없음에도 불구하고 기꺼이 상황을 통제하지 않고 봉사하는 것입니다. 누군가가 당신의 사랑에 어떻게 반응하든 상관없이 사랑하는 것. 하나님이 현존하시며 숨어 계시기로 선택하셨을 때 그분을 신뢰하는 것입니다.

7장
세 명의 생명을 부어주심

―
―
―
―
―

겸손하신 왕을 따를 때 우리는 섬김의 삶으로 들어갑니다. 예수님처럼 우리도 우리가 돕는 사람들에게 항상 인정받는 것은 아닙니다. 제가 보기에 예수님은 역사상 가장 부당하게 대우받은 사람 중 한 분입니다. 완벽했지만 그는 학대와 처벌을 받았습니다. 그는 우리에게 "종은 주인 위에 있지 않다"고 말씀하셨습니다. 우리가 학대를 당할 때 어떻게 대응해야 할까요?

이 장에서는 17세기와 20세기의 세 가지 뛰어난 사례를 살펴봅니다. 이 사례들은 모두 주님께 대한 헌신이 사람들에 대한 봉사의 기초가 된다는 것을 보여줍니다. 우리는 그 과정에서 온갖 종류의 불의를 견뎌야 할지도 모릅니다. 최소한 우리는 어려운 일을 해야 하고 괴팍한 사람들과 함께 일해야 할 것입니다. 우우리는 소명을 향해 계속 전진하기 위해 끊임없는 동기 부여가 필요하지 않다는 것을 앞서간 사람들로부터 배웁니다. 우리가 하는 모든 일이 그분께 예배하는 행위라면 주님은 우리를 지탱해 주실 것입니다.

프랜시스 퍼킨스(Frances Perkins)

"어떤 사람이 가난한 사람에게 신발을 선물할 때, 그는 가난한 사람을 위해 하는 것인가 아니면 하나님을 위해 하는 것인가?" 이 질문은 프랜시스 퍼킨스가 거리의 노동자로서, 노동자 권리 옹호자로서, 그리고 마침내 프랭클린 루스벨트(Franklin Roosevelt) 대통령의 백악관 각료로서 가난한 사람들의 권리를 위해 싸워온 긴 여정에서 답해야 했던 질문 중 하나였습니다.

1911년, 퍼킨스는 의류 공장에서 146명의 노동자가 사망한 끔찍한 화재를 목격했습니다. 희생자 대부분은 젊은 여성이었습니다. 회사가 건물 안전 규정을 준수하지 않았기 때문에 노동자들은 탈출할 수 없었습니다. 사업주는 탐욕과 가난한 사람들에 대한 무시로 법에서 요구하는 안전 조치를 이행하지 않았습니다. 이러한 끔찍한 과실에 대해 지역사회는 분노했습니다.

이 사건은 퍼킨스가 스스로를 방어할 수 없는 사람들을 대변하는 소명을 발견하는 데 큰 촉매제가 되었습니다. 그녀는 좋은 교육을 받은 특권층 출신이었지만 일반적인 커리어 경로를 따르지 않았습니다. 대신 그녀는 개혁을 위해 싸우는 거친 세계로 뛰어들었습니다. 그녀는 소외된 사람들을 돕는다는 대의에 헌신했습니다.

결국 프랜시스 퍼킨스는 프랭클린 루스벨트 대통령 밑에서 미국 노동부 장관이 되었습니다. 그녀는 노동자를 위한 실업 수당, 미국 노인을 위한 연금, 극빈층을 위한 복지를 확보하기 위해 노력했습니다. 또한 아동 노동에 대한 법률 제정을 도왔습니다.

초창기에는 굶주린 노숙자들과 함께 거리에서 일했습니다. 고된 일이었지만 때로는 감사할 줄 모르는 일이었습니다. 퍼킨스는 "가난한 사람들은 종종 감사할 줄 모르고, 일에 대한 즉각적인 감정적 보상에 의존하면 낙심할 수 있습니다. 하지만 하나님을 위해 일한다면 결코 낙심하지 않을 것입니다."라고 말했습니다. 이것은 우리 모두에게 매우 중요합니다! 우리가 하는 모든 일에서 우리가 섬기는 분은 주님이십니다.

퍼킨스의 초기 직업 중 하나는 필라델피아의 한 단체에서 비밀리에 매춘 업소를 차리는 비뚤어진 직업소개소를 폐쇄하는 일이었습니다. 이들은 이민자 여성들을 하숙집으로 유인해 약물을 투여하고 매춘을 강요하기도 했습니다. 퍼킨스는 직접 일자리를 신청하고 포주들과 직접 대면하여 위장 매춘 업소 111곳을 폭로했습니다.

가장 중요한 동기: 하나님을 기쁘시게

퍼킨스는 많은 사람들을 도왔지만, 그녀의 첫 번째 동기는 하나님을 기쁘시게 하는 것이었습니다. 그녀는 자신의 일을 '깊은 소명'이라고 표현했습니다. "어떤 사람이 가난한 사람에게 신발을 선물할 때, 그는 가난한 사람을 위해 하는 것일까요, 아니면 하나님을 위해 하는 것일까요? 그녀는 하나님을 위해 해야 한다고 결심했습니다. 깊은 소명을 가진 사람은 지속적인 긍정적 강화에 의존하지 않습니다. 매달 또는 매년 보상을 받을 필요도 없습니다. 소명을 받은 사람은 그 일이 본질적으로 선하기 때문에 그 일을 수행하는 것이지, 그 일이 만들어내는 결과 때문에 그 일을 하는 것이 아닙니다."

퍼킨스가 수십 년 동안 불우이웃을 돕는 일을 지속할 수 있었던 것은 일의 즉각적인 감정적 보상이나 예측할 수 없는 사람들의 인정에 의존하지 않았기 때문입니다.

동료들의 거부

퍼킨스는 루스벨트 대통령과 긴밀한 관계를 유지했습니다. 루스벨트가 처음 그녀를 내각에 초대했을 때, 그녀는 더 자격을 갖춘 다른 사람이 있을 거라는 핑계를 대며 거절했습니다. 하지만 대통령은 그녀가 적임자라고 주장했습니다. 퍼킨스는 처음부터 루스벨트에게 자신이 가난한 미국인들의 필요를 위해 일할 것임을 알렸습니다.

그러나 루스벨트는 퍼킨스가 필요할 때마다 항상 그녀의 편에 서지는 않았습니다. 그는 항상 충성을 다하기에는 너무 닳고 닳은 정치인이었습니다. 그녀는 내각의 많은 남성들에게 인기가 없었습니다. 언론에서도 인기가 없었습니다.

세월이 흐르면서 그녀는 일에 지쳐갔다. 그녀의 명성은 약해졌습니다. 그녀는 루스벨트에게 두 번이나 사직서를 보냈지만 두 번이나 거절당했습니다. 1939년 그녀는 탄핵 절차의 대상이 되었습니다. 그녀는 동료들로부터 공산주의자라는 비난을 받았습니다. 언론 보도는 잔인했습니다. 프랭클린 루스벨트 대통령에게 그녀를 변호할 기회가 주어졌지만, 그는 하지 않았습니다. 그는 연루되어 자신의 평판이 더럽혀지는 것을 경계했습니다.

퍼킨스는 자신이 돕고 있던 불우한 사람들과 정부 동료들의 저항에 부딪혔습니다. 그녀는 다른 사람들을 위해 봉사하는 길을 선택하면서 엄청난 감정적 대가를 치렀습니다.

기도로 나아가기

퍼킨스가 공산주의자라는 말도 안 되는 비난을 견뎌낸 한 가지 방법은 메릴랜드주 캐톤스빌(Catonsville)에 있는 올 세인트(All Saints) 수녀원에 가서 기도하고 조용히 지내는 것이었습니다. 수녀원에서 그녀는 하루에 다섯 번씩 공동 기도 예배에 참여했습니다. 하나님은 그녀의 피난처이자 은신처였으며 든든한 보호의 탑이었습니다.

루스벨트 대통령의 최측근 보좌관 중 대통령 임기 내내 함께 일한 사람은 단 두 명뿐이었습니다. 프랜시스 퍼킨스도 그중 한 명이었습니다. 그녀는 사람들의 칭찬에 의존하지 않았기 때문에 길고 힘든 경력을 견뎌냈습니다. 그녀는 영원한 보상을 위해 살았습니다.

다른 사람들이 나를 인정하지 않을 때에도 어떻게 평생 다른 사람들을 돌보며 살 수 있을까요? 예수님은 "원수를 사랑하라"고 말씀하셨습니다. 어떻게 당신을 미워하는 사람들을 사랑할 수 있을까요? 먼저 주님께서 보시고 감사하신다는 것을 알고 주님께 제물로 드리는 것입니다. 겸손히 주님께 도움을 구하는 사람에게 아낌없이 주시는 하나님의 은혜로 그렇게 하는 것입니다.

도로시 데이(Dorothy Day)

도로시 데이는 도움이 필요한 사람들에게 봉사하는 소명에 사로잡힌 또 다른 여성의 예입니다. 그녀는 20세기 초 뉴욕에서 사회 운동가이자 언론인이자 가톨릭 노동자 운동의 지도자였습니다. 그녀는 10대에 "가난하고 고통받는 사람들, 즉 세상의 일꾼들과 항상 함께 하고자 하는 열망과 사랑으로 거듭났다."고 했습니다. 그녀는 80대 초반까지 가난한 사람들을 위해 봉사했습니다. 도로시가 이 일을 오래 할 수 있었던 비결은 예배의 제물로 삼았기 때문입니다.

내성적인 성격이었음에도 불구하고 그녀는 하루에도 몇 시간씩 가난한 사람들을 돌보며 일했습니다. "그녀는 다소 냉담하고 종종 고독을 갈망하는 작가적인 성격을 가졌습니다. 하지만 그녀는 거의 하루 종일 매일 사람들과 함께 있어야 했습니다. 그녀가 돌본 사람 중 상당수는 정신 장애를 앓고 있거나 알코올 중독을 앓고 있었습니다. 말다툼은 끊이지 않았습니다. 손님들은 무례하고 불쾌하며 입이 험악하기도 했습니다. 하지만 그녀는 테이블에 앉아 눈앞에 있는 특정 사람에게 집중해야 했습니다. 그 사람이 술에 취해 말을 제대로 하지 못할지라도 그녀는 존중하는 태도를 보이며 경청했습니다." 상처받은 사람들과 함께 일할 때의 즉각적인 보상은 전혀 예측할 수 없습니다. 도로시 데이는 자신의 기분이 어떠하든 꿋꿋이 버텨내는 모습을 보여주었습니다.

때때로 손님들은 그녀에게 칭찬을 아끼지 않았습니다. 그녀의 봉사에 대한 감사를 받는 것은 그녀의 영혼을 위한 풍성한 잔치와 같았습니다. 그녀는 사람들의 칭찬에 교만해지지 않기 위해 노력해야 했습니다. 그녀는 "가끔은 제 자신을 멈춰야 합니다."라고 썼습니다. "저는 배고픈 사람들의 감사가 제 귓가에 시끄러운 소음이 되어가며 수프 한 그릇, 수프 한 그릇, 빵 한 접시, 빵 한 접시 등 한 사람에서 다른 사람으로 달려가는 저를 발견했습니다. 내 귀의 허기는 다른 사람의 배고픔만큼이나 심할 수 있으며, 감사의 표현을 듣는 기쁨은 이루 말할 수 없습니다."

도로시 데이에게는 가난한 사람들에게 음식을 제공하는 것은 단순한 선의의 행동이 아니었습니다. 그것은 하나님께 드리는 제물이었습니다. 도로시는 주님께 드리는 제물이라면 다른 사람에게 베푸는 친절은 순수하다는 것을 보여주었습니다. 사람들에게 보답을 요구하지 않습니다. 친절에 대한 '보답'을 갈망하지 않을 때는 자유롭게 베풀 수 있습니다. 상대방에게 '아무 조건 없이' 대하는 태도를 취하면 사람들은 그것을 느낄 수 있습니다. 대가로 무언가를 해야 한다는 압박감을 느끼지 않는다면 상대방은 여러분의 도움을 즐길 가능성이 훨씬 더 높습니다. 상대방은 보답해야 한다는 부담감을 느끼지 않습니다. 상대방이 예민하고 사회적으로 잘 어울린다면 개방적이고 관대함을 느낄 것입니다. 여러분이 평화롭다는 느낌을 받으면 상대방도 편안함을 느낄 것입니다. 여러분의 평화는 전염성이 있습니다. 그러나 당신의 태도가 "내가 이것을 주었으니 이제 나한테 빚진 거야"라고 하면 상대방은 압박감을 느낄 것입니다.

로렌스 형제(Brother Laerence)

우리가 하는 모든 일에서 하나님을 섬기는 세 번째 예는 17세기의 아주 특별한 수도사 로렌스 형제입니다. 우리는 프란시스 퍼킨스와 도로시 데이의 삶에서 사소한 일에도 기쁨으로 봉사할 수 있는 가장 큰 열쇠 중 하나는 모든 일을 주님을 위해, 주님을 위해 하는 것임을 보았습니다. 로렌스 형제는 삶의 모든 일을 하나님을 경배하는 행위로 여긴 또 다른 뛰어난 예입니다.

로렌스 형제는 1610년경 프랑스에서 태어났습니다. 그는 유럽의 강대국들이 대부분 참여한 30년 전쟁에 젊은 군인으로 참전했습니다. 이 끔찍한 전쟁에서 8백만 명이 넘는 사람들이 죽었습니다. 로렌스 형제는 이 전쟁에서 거의 죽을 뻔했고 좌골 신경에 심각한 손상을 입었습니다. 이 부상은 그를 불구로 만들었고 평생을 만성적인 고통에 시달리게 했습니다. 군인 생활이 끝나자 그는 초기 사막의 교부들처럼 광야에서 한 계절을 보내는 것을 시작으로 수도원 생활에 들어갔습니다.

수십 년 후, 그는 파리에 있는 새로운 수도원에 들어가 100명이 넘는 회원으로 성장한 공동체의 요리사로 봉사했습니다. 그는 부엌에서 일하는 것을 매우 싫어했습니다. 허리와 다리에 만성 통증을 앓고 있던 그는 매일 배고픈 수도사 백 명을 위해 요리를 해야 했습니다.

그는 어떻게 이 일을 하면서도 하나님의 임재 안에서 그렇게 평화롭게 살 수 있었을까요? 이 일을 맡기 전 수년 동안 그는 모든 일을 주님을 위한 사랑의 행위로 여기며 살아왔습니다. 그는 하나님께 '일을 잘

할 수 있는 은혜'를 구했고, 주방 일을 싫어했지만 "15년 동안 주방 일을 하는 동안 모든 것이 쉬웠다"고 고백했습니다. 그는 주방에서 일하는 것을 싫어했지만, 성령님의 강한 임재 때문에 주방에서 일하는 것이 행복했습니다.

로렌스는 우리 앞에 놓인 일을 겸손하게 받아들이는 놀라운 모습을 보여줍니다. 그는 수도원 생활에 대한 하나님의 부르심을 받아들였을 때, 하나님께서 감독자들을 사용하여 자신에게 적합한 임무를 맡기실 것을 믿었습니다. 그는 그들이 그에게 무엇을 요구하든 그것이 자신을 향한 하나님의 뜻이라는 것을 알았습니다.

제 1세계 국가에서는 자신의 선호도, 기술, 교육 정도에 따라 직업을 선택할 수 있는 경우가 많습니다. 하지만 역사적으로 세계의 다른 많은 지역에서는 사람들에게 직업 선택권이 거의 없었습니다. 일을 즐길 자격이 있다고 느끼는 것은 잘 사는 나라 사람들에게는 공통된 태도입니다. 제 3세계 국가에서는 이야기가 다릅니다.

부엌에서 하나님을 찾다

로렌스 형제는 자신이 싫어하는 일을 하면서 행복의 열쇠를 발견했습니다. 그는 자신이 "사람을 위해서가 아니라 주님을 위해 일하라"는 부름을 받았다는 것을 알았습니다. 그는 우리에게 올바른 관점을 보여줍니다. 일을 예배의 행위로 보십시오. 일하면서 지속적으로 감사하십시오. 로렌스는 자신의 직업을 하나님의 손길로 주신 선물로 겸손하게 받아들이고 상황을 최대한 활용했습니다.

로렌스는 끊임없이 기도하는 습관이 너무 강해서 방에서 혼자 기도할 때나 바쁘고 붐비는 주방에서 일할 때나 하나님의 임재하심이 줄어들지 않는 것을 경험했습니다. 정말 놀라운 일입니다. "주방에서의 바쁜 시간과 기도하는 시간이 다르지 않습니다. 부엌의 소음과 어수선함 속에서 여러 사람이 동시에 서로 다른 것을 요구하지만, 저는 마치 축복의 만찬에서 무릎을 꿇은 것처럼 큰 평온 속에서 하나님을 소유합니다." 와우!

"부엌에서 가장 급하게 일을 처리하면서도 그는 여전히 하늘을 생각하는 마음을 간직하고 있었습니다. 그는 결코 서두르거나 서성거리지 않았으며, 각 일을 제 때에 고르고 평온한 정신으로 수행했습니다." 로렌스는 정말 훌륭한 본보기입니다. 여러분이 씻는 모든 컵과 숟가락은 하나님을 향한 사랑의 행위로 할 수 있습니다. 청소 책임을 회피한 다른 사람을 대신해서 청소하는 경우에도 감사와 평안으로 이웃들이 남긴 엉망진창을 치울 수 있습니다. 로렌스는 자신의 지위에 대해 불평할 수도 있었습니다. 수도원에서 더 높은 직책을 요구할 수도 있었습니다. 하지만 그는 자신이 본래 싫어하던 일에서 하나님의 평화를 찾았습니다.

15년 동안 주방에서 일한 후, 그의 감독자들은 그를 수도원의 샌들 수선 공장에서 일하도록 전보했습니다. 더러운 냄비를 닦던 그는 백명의 형제들을 위해 냄새나는 샌들을 고치는 일을 하게 되었습니다! 그럼에도 그는 평화를 유지했습니다.

지속적인 예배

로렌스 형제에게 끊임없는 예배는 평화의 길이었습니다. 친구에게 보낸 편지 중 하나에서 그는 이렇게 썼습니다. "그분을 잊지 말고 그분을 자주 생각하십시오. 그분을 끊임없이 예배하십시오. 그분과 함께 살고 그분과 함께 죽으십시오. 이것이 그리스도인의 영광스러운 일이며, 한마디로 우리의 고백입니다. 우리가 그것을 모른다면 우리는 그것을 배워야 합니다."

"하나님은 우리를 그분께로 이끄시는 여러 가지 방법이 있습니다. 그분은 때때로 우리에게서 자신을 숨기시는 것처럼 보이기도 합니다. 그러나 오직 믿음만이 우리의 버팀목이 되어야 합니다. 믿음은 우리 자신감의 기초입니다. 우리는 하나님께 모든 믿음을 두어야 합니다. 그분은 필요할 때 우리를 실망시키지 않으실 것입니다. 하나님께서 저를 어떻게 처리하실지 모르지만 저는 항상 행복합니다."

로렌스 형제는 어떤 새로운 봉사 직책을 맡게 될지 몰랐지만, 그는 항상 행복했습니다. 전쟁 부상으로 좌골 신경에 만성적인 통증이 있었음에도 불구하고 그는 항상 행복했습니다. 기도하고 신뢰하는 자세로 겸손하게 봉사하는 것이 그의 행복의 열쇠였습니다.

하나님의 도움으로 할 수 있습니다

프랜시스 퍼킨스, 도로시 데이, 로렌스 형제는 우리에게 직업을 깊은 소명, 즉 하나님의 부르심으로 보라고 가르칩니다. 사람들을 위한 우리의 봉사는 모두 하나님을 사랑하려는 근본적인 열망에서 비롯됩니다.

   이 세 명의 빛나는 모범은 겸손과 헌신으로 인해 거절과 학대를 받으면서도 고귀한 대의를 위해 평생을 봉사할 수 있었습니다.

   주님, 저희는 주님께 도움을 청합니다. 우리가 섬기고 경배하는 분은 바로 당신입니다. 우리가 주변 사람들의 감사와 칭찬에 의존하지 않도록 도와주십시오. 모든 일에서 아버지를 기쁘시게 하는 당신의 모범을 따르도록 도와주십시오. 성령님, 우리 삶 속에 임재하심에 감사드립니다. 주님께서 우리의 길잡이가 되어 주시고, 삶의 모든 말과 행동, 선택에 영감을 주시기를 간청합니다.

8장
하나님의 인정을 받기 위한 삶

> "개인으로서 여러분의 힘은 비판과 칭찬에 어떻게 반응하느냐에 달려 있습니다. 어느 한쪽이 당신에게 특별한 영향을 미치도록 내버려두면 그것은 우리에게 상처가 될 것입니다. 비판이든 칭찬이든, 마땅히 받아야 할 것이든 그렇지 않은 것이든 아무런 차이가 없습니다. 그것이 우리에게 영향을 미치도록 내버려두면 우리에게 상처를 줍니다."
>
> 존 우든(John Wooden)

사람들은 소셜 미디어에서 '조회수'와 '좋아요'를 얻기 위해 미친 짓을 합니다. 최근에는 유튜브에서 조회수를 올리기 위해 세탁비누 꼬투리를 먹는 아이들이 유행하기도 했습니다. 수백만 명의 사람들이 팔로워를 확보하고, 자신의 업적, 아이디어, 창의성, '외모'에 대해 어떤 식으로든 감사하고 축하해 줄 팬을 확보하기 위해 동영상을 게시합니다.

우리는 관심과 찬사를 갈망합니다. 오늘날 명성에 대한 갈망은 새로운 차원으로 올라갔습니다. 1976년에 실시한 설문조사에서 사람들에게 인생 목표를 나열하도록 한 결과, 명성은 16개 중 15위를 차지했습니다. 하지만 최근 설문조사에서는 젊은 성인의 50%가 명성을 주요 인생 목표로 꼽았습니다. 마돈나는 경력 초기에 "신보다 더 유명해질 때까지 행복하지 않을 것"이라고 말한 바 있습니다. 다른 많은 사람들에게는 명성이 목표가 아닙니다. 하지만 우리 모두는 가장 가까운 사람, 친구, 가족, 영향력 있는 사람들로부터 존경과 감사를 받기를 원합니다.

우리는 사람의 칭찬에 중독될 수 있지만, 하나님은 우리가 그분의 인정을 구하기를 원하십니다. 예수님은 "나를 보내신 이가 나와 함께 하시도다 나는 항상 그가 기뻐하시는 일을 행하므로 나를 혼자 두지 아니하셨느니라"고 말씀하셨습니다(요 8:29). 바울은 하나님께 온전히 헌신하는 사람들을 이렇게 묘사합니다. "그 칭찬이 사람에게서가 아니요 다만 하나님에게서니라"(롬 2:29b) 우리가 하나님을 기쁘시게 하기 위해 살 때, 그분은 우리를 '칭찬'하십니다.

요한복음은 "유대인 지도자 중 일부는 예수를 믿었지만, 바리새인들이 회당에서 추방할까 봐 이를 인정하지 않았습니다. 그들은 하나님의 찬양보다 사람의 찬양을 더 좋아했기 때문입니다." 우리 모두는 사람의 찬양과 하나님의 찬양 중 누구의 찬양을 추구할 것인지 결정해야 합니다.

저는 '쇼 비즈니스'의 중심지인 할리우드 바로 아래인 로스앤젤레스에서 자랐습니다. 할리우드에서 활동하는 스타들은 전 세계의 엄청난 관심의 초점입니다. 저는 연예계에서 성공하려고 노력한 적은 없지만, 우리 모두에게 공통된 기본적인 인간의 조건을 가지고 있습니다. 저는 인정받는 것을 좋아합니다. 오랜 세월 주님을 따랐지만, 저는 여전히 사람들의 칭찬이 아닌 하나님의 인정을 향해 나침반의 방향을 바꿔야 합니다.

우리는 하나님 안에서만 안식할 수 있습니다

교회 역사상 가장 영향력 있는 인물 중 한 명인 어거스틴(Augustine)은 354년 지금의 알제리에서 중상류층 가정에서 태어났습니다. 어거스틴은 10대 시절 스타 학생이었습니다. 로마니아누스(Romanianus)라는 부유한 사람이 그의 잠재력을 알아보고 어거스틴의 고등 교육비를 대주었습니다. 어거스틴은 재치와 토론 능력으로 인정받고 싶은 욕구가 끝이 없었습니다. 데이비드 브룩스(David Brooks)는 "그는 사랑받을 수 있다는 가능성을 사랑했습니다. 모든 것이 그 사람에 관한 것입니다."

수년 후, 세례를 받은 지 약 10년이 지난 후 그는 '고백록'을 썼습니다. 성공과 명성을 향한 그의 모든 노력은 좌절로 끝났습니다. 그는 성취와 평화를 위한 유일한 희망은 하나님을 아는 데 있다는 결론에 도달했습니다. 어거스틴의 가장 잘 알려진 명언 중 하나는 다음과 같습니다. "주님은 우리를 당신 자신을 위해 만드셨고, 우리의 마음은 당신 안에서 안식을 찾을 때까지 불안합니다."

어거스틴도 다른 많은 사람들처럼 스타가 되기를 바라며 모든 사람에게 깊은 인상을 남기려고 최선을 다했습니다. 하지만 그 노력 속에서 그는 안식과 만족을 찾지 못했습니다. 아무리 많은 사람들의 칭찬을 받아도 삶의 의미에 대한 그의 굶주림을 채울 수 없었습니다. 하나님은 어거스틴에게 평안을 주셨습니다. 그는 주님을 아는 것에서 안식처와 안식을 찾고 만족을 얻도록 하나님께서 자신을 설계하셨다는 것을 깨달았습니다. 우리가 엉뚱한 곳에서 찬양을 찾고 있다면 우리는 쉬지 못할 것입니다. 하나님은 사랑받기를 갈망하는 큰 갈망을 가지고 우리를 창조하셨습니다. 그분은 우리 영혼의 동굴 같은 구멍을 채우기에 충분한 사랑을 가지고 계신 유일한 분이십니다.

신실한 사람은 하나님의 검증을 확신할 수 있습니다

하나님은 우리의 선행을 알아차리고, 감사하고, 보상하는 데 매우 일관성이 있습니다! 하나님께서 눈치채지 못하시는 친절의 행위는 없습니다. 누군가에게 차가운 물 한 잔을 권할 때에도 하나님은 알아차리십니다.

예배 인도 준비는 때때로 많은 일이 될 수 있습니다. 기도하며 예배를 기획하고, 모든 콘티와 차트를 준비하고 복사하고, 모든 밴드 멤버들에게 연락하고, 개인적으로 리허설을 하고, 새로운 곡을 배우고, 곡을 어떻게 연주할지 편곡합니다. 때로는 PA 시스템과 드럼 키트를 설치하고 리허설 공간을 청소하기도 합니다. 대부분 무급 자원봉사입니다.

가끔 자기 연민에 빠지기도 합니다. "와우, 이건 정말 많은 일이야! 내가 왜 이 일을 하고 있지? 내가 이 일을 하는 사람들은 이 일이 얼마나 힘든 일인지 전혀 모르는데!"라는 생각이 들기도 합니다. 그러다가 "그래, 하나님을 위해 하는 일이야!"라고 기억합니다. 사람들을 섬기는 것도 중요하지만, 우선 이것은 주님께 드리는 제물입니다. 하나님도 보십니다. 그분은 모든 작은 세부 사항을 보십니다. 저는 이 모든 것을 주님께 드리고 있습니다. 그분은 모든 땀, 모든 좌절감, 다른 사람들에게는 완전히 숨겨져 있는 모든 시간을 보십니다.

무대 뒤에서 어떤 일을 하나요? 힘든 노동일 수도 있고, 육아일 수도 있고, 바쁜 사무실에서 수많은 서류 작업을 하는 것일 수도 있습니다. 하나님께서는 여러분의 끈기와 꾸준한 신실함을 보십니다. '중요한' 사람들에게는 눈에 띄지 않을 수도 있습니다. 하지만 하나님은 여러분의 사려 깊음, 기도하는 마음, 다른 사람을 돕기 위한 희생을 보십니다. "우리가 선을 행하되 낙심하지 말지니 포기하지 아니하면 때가 이르매 거두리라"(갈 6:9)

사람들은 우리를 실망시킵니다

사람들의 칭찬을 받기 위해 산다면 실망을 자초하는 것입니다. 그 이유는 다음과 같습니다.

사람의 칭찬은 일관성이 없습니다. 같은 사람들과 오랫동안 함께 있으면 그들은 우리와 우리의 재능과 강점에 익숙해집니다. 시간이 지날수록 사람들은 우리가 제공하는 가치에 대해 덜 감사하는 경향이 있습니다.

인간의 칭찬은 강하거나 깊지 않습니다. 2000년에 저는 제 노래 녹음을 막 끝냈을 때였습니다. 제 친구의 10대 아들이 그 CD를 들었습니다. 그는 이 프로젝트에 대해 "그래, 꽤 괜찮다"고 약간의 칭찬을 해주었습니다. 칭찬이라기보다는 모욕처럼 느껴졌어요. 저는 새 CD에 대한 다른 사람들의 의견에 지나치게 민감했던 것 같습니다.

때때로 우리가 한 말이나 우리가 제공한 프로젝트나 공연이 마음에 들지 않았다는 것을 상대방의 몸짓에서 읽을 수 있습니다. 그것은 실망스러운 일입니다. 때때로 우리를 괴롭히는 것은 그들이 말하지 않는 것입니다. 그들은 우리가 한 일이나 우리가 알아주기를 바라는 것에 대해 아무런 언급도 하지 않습니다. 사람들이 항상 고마움을 표시할 것이라는 기대가 있다면, 사람들에게 칭찬을 받는다는 것은 의존할 수 없는 일이기 때문에 결국 그들을 원망하게 될 수도 있습니다.

마지막으로, 사람의 칭찬에는 영원한 혜택이 없습니다. 예수님의 이 말씀은 우리가 사람이 아니라 하나님을 기쁘시게 하려는 열망으로 동기를 부여받는 것이 얼마나 중요한지를 강조합니다. "다른 사람에게 보이기 위해 다른 사람 앞에서 의를 행하지 않도록 조심해야 합니다. 그렇게 하면 하늘에 계신 아버지로부터 상을 받지 못할 것입니다."

예수님은 잘못된 이유로 선한 일을 하면 '상이 없을 것'이라는 진리를 강조하십니다. '상이 없다'는 것은 아무것도 없다는 뜻입니다. 제로입니다. 이 말씀은 우리의 동기를 살펴봐야 할 모든 이유를 제공합니다. 사람 대신 주님을 위해 선한 일을 하는 외적인 습관이 어떤 내적인 특성을 만들어낼까요? 그것은 충성심, 성실성, 겸손입니다. 가난한 사람에게 기부하거나, 기도하거나, 금식할 때 예수님은 사람들에게 인정받기 위해서가 아니라 '은밀히 하라'고 말씀하십니다.

하나님은 선을 행하면 보상해 주신다고 약속하십니다.

하나님께서는 우리가 행하는 선한 일에 대해 보상해 주실 것입니다. 예수님은 "보라 내가 속히 오리니 내가 줄 상이 내게 있어 각 사람에게 그가 행한 대로 갚아 주리라"(계 22:12)라고 말씀하셨습니다. 이 정확한 약속은 성경 역사에서 여러 번 반복됩니다.

우리는 현재의 보상과 영원한 보상을 모두 받습니다. 우리가 받는 즉각적인 보상은 하나님을 아는 실제적이고 확실한 경험에서 비롯됩니다. 우리는 그분의 사랑과 평안과 임재를 압니다. 그분은 우리가 그분의 자녀라는 확신을 주십니다. 우리는 천국에 대한 확실한 소망으로 가득 차 있으며, '이런 일이 일어날지도 모른다'는 식의 희망이 아닙니다. 현세에서 우리는 다른 사람의 시선에 대한 불안감으로부터의 자유, 어려운 시기에도 일을 완수할 수 있는 하나님의 능력과 같은 유익을 경험합니다.

아브람이 약속의 땅으로 가는 길에 하나님께서 그에게 "이 후에 여호와의 말씀이 환상 중에 아브람에게 임하여 이르시되 아브람아 두려워하지 말라 나는 네 방패요 너의 지극히 큰 상급이니라"(창 15:1)라고 말씀하셨습니다. 하나님을 아는 것은 큰 상급입니다. 하나님의 살아 있는 말씀은 마음을 상쾌하게 하고 기쁨을 줍니다. 열심히 일하고 올바른 결정을 통해 하나님의 지혜를 적용하는 것도 공급의 현재적 보상을 가져다줍니다.

하나님의 영원한 보상의 본질에 대해 우리가 모르는 것이 많습니다.

하지만 우리가 아는 것은 엄청납니다. 우리는 어린 양의 혼인 만찬에서 주님과 함께 잔치를 할 것입니다. 주님은 우리가 '주님과 함께 왕 노릇'할 것이라고 약속하십니다. 우리는 "우리의 가볍고 순간적인 고난이 그 모든 것을 훨씬 능가하는 영원한 영광을 우리에게 가져다 줄 것"이라는 확신을 가질 수 있습니다. 우리는 이생에서 큰 물질적 보상을 받지 못할 수도 있습니다. 하지만 우리는 날마다 하나님의 사랑의 흔적을 많이 봅니다.

장기적인 보상을 위해 사는 삶

하나님과 사람들로부터 모두 칭찬을 받는 것이 괜찮을까요? 네, 우리의 주된 동기가 사람의 칭찬을 받기 위한 것이 아니라면 그렇습니다. 왜 우리는 하나님 대신 사람들에게서 우리의 가치를 찾는 데 급급할까요? 한 가지 이유는 사람들로부터의 보상이 즉각적인 경우가 많기 때문입니다. 사람들이 우리를 축하해 주면 우리는 그것을 감정과 몸으로 느낍니다. "오, 정말 멋진 저녁이었어요!" "새 드레스 정말 멋지네요!" "어젯밤 연설 정말 감동적이었어요." 하나님의 보상은 종종 지연됩니다. 우리는 종종 하나님이 갚아주실 때까지 기다려야 합니다. 기다림의 열매는 겸손과 신실함입니다.

당신이 갈망하는 칭찬이 당신의 길을 결정합니다.

지금까지 이 장에서 우리는 하나님의 칭찬보다 사람의 칭찬을 더 사랑하면 실망, 분노, 좌절, 분노가 생긴다는 것을 살펴보았습니다. 또 한 가지 중요한 문제가 있는데, 사람을 기쁘게 하는 것은 쉽게 타협과 죄로 이어질 수 있다는 것입니다. 사람들을 기쁘게 하려는 절박한 마음 때문에 우리는 죄에 눈을 감고 싶은 유혹을 받습니다. 우리가 갈망하는 칭찬이 우리의 행동을 좌우합니다.

오늘날 기본적인 기독교 신앙과 윤리를 거부하는 것은 흔한 일입니다. 옳고 그름에 대한 자신의 감각을 정의하는 것, 즉 옳은 일 대신 편한 일을 하는 것이 정치적으로 옳습니다. 이런 세상에서 잘못된 사람들의 칭찬을 받기 위해 산다면 우리는 큰 곤경에 처하게 됩니다. 이것이 바로 예수님이 태어나기 11세기 전에 사울 왕이 빠졌던 함정이었습니다.

사울 왕

사울은 하나님이 선택한 선지자 사무엘에 의해 이스라엘의 왕으로 임명되었습니다. 하지만 사울은 경건한 성품이 심각하게 부족했습니다. 그는 추종자들을 기쁘게 하려는 욕망으로 하나님에 대한 불순종을 정당화하려고 했습니다. 사울의 양심은 사람들의 인정을 받고자 하는 욕망에 불타고 있었습니다.

사울 왕 시대에 사무엘은 이스라엘의 국가적 선지자였습니다. 지금과는 다른 예언의 시대였습니다. 기름 부음 받은 선지자가 하나님의 말씀을 전한다는 것은 누구나 알고 있었습니다. 그는 높은 존경을 받았습니다. 하지만 사울은 사무엘의 지시를 완전히 무시했습니다.

사울은 하나님의 의견보다 자신에 대한 사람들의 의견에 훨씬 더 신경을 썼습니다. 그는 사무엘을 통해 전해진 주님의 말씀을 무시했습니다. 사무엘은 사울과 그의 군대가 아말렉 사람들과 그들의 모든 양떼와 가축을 죽이라는 구체적인 지시를 내렸습니다. 대신 사울은 왕을 살리도록 허락하고 자기 백성을 위해 가축을 키웠습니다. 사울에게 하나님의 지시는 가혹하고 무의미해 보였습니다.

왜 하나님께서 한 민족 전체를 전멸시키라고 명령하셨는지 이해하기 어렵습니다. 저는 그것을 설명하려는 것이 아닙니다. 하지만 아말렉 족속은 여러 세대에 걸쳐 이스라엘 백성에게 가차 없는 야만성을 보였습니다. 하나님께서는 이스라엘 백성에게 "너희가 지치고 피곤할 때, 그들[아말렉 족속]이 너희의 여정에서 너희를 만나 뒤처진 자들을 모두 공격했다."고 상기시켜 주십니다. 이 뒤처진 자들은 보통 여자와 아이들이었습니다. 아말렉 사람들은 이스라엘 백성들의 땅과 식량을 반복해서 파괴했습니다.

사울은 사무엘을 통한 주님의 가르침에 자신을 낮추지 않았습니다. 그는 자신이 하나님보다 더 나은 생각을 가지고 있다고 생각했습니다. 그는 주변 사람들의 소음을 차단하고 하나님의 말씀을 듣는 법을 배우지 못했습니다. 사울은 겸손하지 않았고 교만하고 자기 의지로 가득했습니다. 사울은 사람에 대한 두려움 때문에 자신의 죄를 정당화했습니다.

사울은 자신의 명예를 추구합니다.

아말렉과의 전쟁에서 승리했을 때 사울은 자신의 승리를 자신의 업적으로 자축하며 하나님보다 자신을 영광스럽게 여겼습니다. 아말렉과의 전쟁에서 승리한 후, 그는 갈멜로 가서 자신을 기리는 기념비를 세우려고 했습니다.

사울은 자기기만에 빠져서 사무엘 선지자가 나타났을 때 자신의 죄를 깨닫지 못한 채 환하게 그를 맞이했습니다. 사울은 사무엘에게 "주님의 축복이 있기를 빕니다."라고 말했습니다. "나는 주님의 명령을 수행했습니다." 그러나 그는 주님의 명령을 수행하지 않았습니다. 그의 교만 때문에 옳은 일을 하지 못했습니다.

사울은 혹독한 전투를 치른 후 굶주림에 지친 군인들에게 둘러싸여 있었습니다. 그들은 사울에게 이렇게 말했을 것입니다. "이 소들을 보세요. 최고의 바비큐를 먹을 수 있겠어요. 해봅시다." 사울은 하나님의 의견보다 부하들의 의견을 더 두려워하여 부하들의 의견에 굴복했습니다.

자신의 죄에 눈이 멀다

존 웜버는 이렇게 말하곤 했습니다. "죄는 사람을 어리석게 만든다." 사람들로부터 칭찬과 인정을 받는 것을 목표로 삼는다면 하나님의 지혜를 차단하게 됩니다. 우리는 자신의 죄에 대해 눈이 멀어집니다. 사무엘은 사울에게 "당신이 한때는 스스로 보기에 작았으나 이스라엘 지파의 우두머리가 되지 않았습니까?"라고 말하며 사울에게 맞섰습니다. "자기 보기에 작다."는 말은 '겸손하다'는 말의 다른 표현입니다.

사울은 하나님의 뜻에 굴복하지 않았고, 하나님 앞에서 자신을 '작게' 만들었습니다. "겸손은 더 높지도 낮지도 않은 우리 자신을 있는 그대로 보는 것입니다. 그것은 우리 자신에 대해 직감적으로 솔직해지는 것을 의미합니다. 위선 없이 사는 것을 의미합니다." 사울은 그렇게 하지 않았습니다. 사울은 정직하지 못했습니다. 그는 자신의 잘못을 인정했습니다. "저는 죄를 지었습니다. 저는 주님의 명령과 주님의 지시를 어겼습니다. 저는 사람들이 두려워서 그들에게 굴복했습니다."라고 말했습니다.

하지만 그의 회개는 너무나 얄팍하고 진실하지 못했습니다! "사울이 이르되 내가 범죄하였을지라도 이제 청하옵나니 내 백성의 장로들 앞과 이스라엘 앞에서 나를 높이사 나와 함께 돌아가서 내가 당신의 하나님 여호와께 경배하게 하소서 하더라"(삼상 15:30) 이 고백에는 후회가 없어 보입니다. 사울은 주님을 불쾌하게 할까 염려하지 않았습니다. 그는 백성들에게 존경을 받고 싶었습니다. 사울에게는 자신의 평판이 가장 중요했습니다. 그는 사람들의 반대에도 불구하고 자신을 돌보시는 하나님의 능력에 대한 핵심적인 확신을 키우지 못했습니다. 그는 보이지 않는 영원한 것이 아니라 눈에 보이는 영역에만 집중했습니다.

오늘날 세속적인 것에 순응해야 한다는 압박감

자신만의 철학을 만드는 것이 인기인 이 시대에 사울의 이야기에서 배우는 것이 그 어느 때보다 중요합니다. 다시 근본적인 문제로 돌아와서, 누구의 칭찬을 받고 싶으신가요? '군중 속의 군중'으로부터 칭찬받고 싶다면 죄악된 선택에 빠지게 될 것입니다.

저는 제 아이들이 저보다 훨씬 더 힘든 세상에서 자라는 것을 지켜보았습니다. 제가 10대였던 1970년대보다 지금은 유혹이 훨씬 더 눈앞에 다가와 있습니다. 정보화 시대에 우리는 '좋은 삶'에 대한 온갖 종류의 거짓 그림에 빠져들 수 있습니다.

하나님은 우리가 하는 모든 일을 보십니다

어떻게 하면 사람들의 의견에 대한 중독에서 벗어날 수 있을까요? 세 가지 방법이 있습니다. 첫째, 감정의 저장소를 하나님의 사랑으로 계속 채워야 합니다. 여러분을 향한 하나님의 사랑에 대한 진리에 몰입하는 생활 습관을 가져야 합니다. 하나님은 여러분을 무조건적으로, 전심으로, 지속적으로 사랑하십니다.

하나님께서 나를 높이 평가하신다는 확신이 있다면 사람들의 칭찬에 연연하지 않습니다. 그러면 정말 자유로워질 수 있습니다. 더 이상 여러분에 대한 사람들의 의견에 얽매이지 않게 됩니다. 어거스틴처럼 "주님은 우리를 당신 자신을 위해 만드셨고, 우리의 마음은 당신 안에서 안식을 찾을 때까지 불안합니다."라고 말할 수 있게 될 것입니다.

둘째, 교회 가족으로부터 무조건적인 사랑을 받으시기 바랍니다. 그리스도인 공동체에 애착을 가지십시오. 여러분은 사랑하는 아버지의 아들과 딸 중 한 명입니다. 하나님의 놀라운 가족과 친밀하게 연결되어 있다는 사실에서 자신의 가치를 발견하십시오.

셋째, 하나님께서 여러분의 모든 선한 동기, 생각, 행동을 보시고 보상하신다는 확신을 가지십시오. 인간과 달리 하나님은 어디에나 계시며 여러분이 하는 모든 일을 보십니다. 하나님 아버지는 "은밀한 일을 보십니다." 그분은 여러분에게 보상해 주실 것입니다.

"주님은 하늘에서 내려다보시며… 지상에 사는 모든 사람, 즉 모든 사람의 마음을 형성하고 그들이 하는 모든 일을 생각하시는 분을 지켜보십니다." 하나님은 우리에게 상을 주시겠다고 약속하십니다. "누구든지 하나님께 나아가고자 하는 사람은 하나님이 존재하시며 진심으로 그를 찾는 자에게 상을 주신다는 사실을 믿어야 합니다."

우리는 장기전을 펼칩니다. 우리는 결국 무엇이 중요한지 알고 있습니다. 그것은 세상의 칭찬과 찬사가 아닙니다. 그것은 아버지의 승인입니다. 그것은 지금과 다음 생에서 천국을 상속받는 것입니다.

수십 년에 걸친 장기적인 보상, 즉 일생에 걸친 충성을 기다릴 때 우리는 그분이 영원하고 애정 어린 사랑으로 우리를 사랑하신다는 것을 점점 더 확신하게 됩니다. 그분께서 내게 보상과 존귀함을 주실 것을 알기에 하나님께 영광을 돌리고자 하는 동기가 생기게 됩니다.

8장 하나님의 인정을 받기 위한 삶

9장
주님을 자랑하십시오

"하나님과 자신을 동시에 높일 수는 없습니다."

릭 워렌(Rick Warren)

"겸손은 하나님으로 자아가 대체되는 것입니다."

앤드류 머레이(Andrew Marray)

"교만한 사람은 항상 사물과 사람을 내려다보고 있으며, 내려다보고 있는 한 그 위에 있는 것을 볼 수 없습니다."

C. S. 루이스(Lewis)

겸손한 마음은 감사하는 마음입니다. 아침에 일어나서 푸른 나무와 파란 하늘을 보는 것은 "아름다운 것들을 만들어주시고 매일 볼 수 있게 해주셔서 감사합니다."라고 겸손하게 말하라는 초대장입니다. 하나님을 경배하고 감사하는 일에 몰두하면 자존심을 내려놓게 됩니다. 하나님을 경배하면 인생의 모든 좋은 것은 하나님의 선물이라는 관점을 갖게 됩니다.

어릴 적 자존심에 대한 기억

1980년대 중반 어느 날 저녁 랭리 빈야드 지도자 모임(Langley Vineyard Leaders Meeting)에서 예배를 인도했던 기억이 선명합니다. 교회는 빠르게 성장하고 있었고 건물도 구입했습니다. 교회가 성장하면서 제 자신에 대한 평가도 높아졌습니다. 예배를 인도하기 위해 단상으로 걸어가던 저는 불순한 자신감과 자만감을 느꼈습니다. 마치 자기중심적이고 교만한 마음이 저를 붙잡고 있는 것 같았습니다. 제가 할 수 있는 것은 예배 찬양을 인도하는 의무를 수행하는 것뿐이었습니다. 나중에 저는 하나님께 용서를 구해야 했습니다. 그 순간을 돌이켜 보면 악취처럼 저의 오만한 태도가 예배당에 있던 다른 사람들에게도 분명하게 보였을 것 같습니다.

연이은 사역의 성공으로 인해 교만이 제 마음속에 스며들었습니다. 이미 10년 정도 이 마음의 문제를 해결하기 위해 노력해왔지만, 제 인지도가 높아지면서 교만에 대한 유혹도 커졌습니다. 저는 제 인생에서 그 작은 에피소드를 여러 번 생각했습니다. 제 자신의 불순함을 보게 된 것은 저를 저 자신으로부터 구출하기 위해 하나님께서 저에게 주신 선물이었습니다. 하나님은 친절하게도 저를 회개로 인도하고 계셨습니다. 그분은 잘난 척하는 태도에서 저를 구해 주셨습니다.

어거스틴의 한 구절이 떠올랐습니다. 어거스틴은 4세기에 "종교에서 가장 중요한 것이 무엇이냐고 묻는다면 '첫째도, 둘째도, 셋째도... 아니, 모든 것이 겸손이다... 겸손이 우리가 하는 모든 일에 선행되지 않으면 우리의 노력은 무익하다'고 대답해야 한다."고 썼습니다. 제 초기 사역에 대한 이 이야기에서 겸손은 제가 하는 모든 일에 선행하지 않았습니다.

하나님께서 당신의 어두운 면을 보여주실 때 어떻게 하시나요? 직장과 소명을 그만두나요? 아니요, 물론 아닙니다. 실수를 인정하고 그로부터 배웁니다. 이것이 겸손의 가장 중요한 특성 중 하나입니다. 자신의 필요를 인정합니다. 하나님께 구하면 교만과 같은 추악한 것들에 대해 민감하게 반응하실 것입니다. 문제를 식별하는 것은 문제 해결을 위한 큰 단계입니다. 우리의 죄에 대한 인식은 하나님의 선물 중 하나이며, 고백과 함께 응답하라는 하나님의 초대입니다. 그리고 그분은 항상 "주님, 저를 불쌍히 여기소서"라는 기도에 매우 빠르게 응답하십니다. 그분의 자비는 매일 새롭습니다.

하나님을 알면 우리 자신, 즉 선과 악을 알게 됩니다. 우리는 종종 하나님께 우리 자신의 마음을 살피도록 도와달라고 간구해야 합니다. 우리 모두는 참된 북쪽을 향해 자주 항로를 조정해야 합니다. "하나님, 제 삶을 철저히 조사하셔서 저에 관한 모든 것을 알아주시고, 저를 시험하고 시험하셔서 제가 어떤 사람인지 명확하게 파악하게 하시고, 제가 잘못한 것이 없는지 직접 확인하신 다음 영생의 길로 인도해 주십시오." 이런 기도를 수천 번도 더 드린 것 같습니다.

성공을 찾았을 때 관점을 잃지 않기

사무엘 선지자는 사울에게 "네가 한때는 네 눈에는 작아 보였으나 이스라엘 지파의 우두머리가 되지 않았느냐?"라고 말했습니다. 사무엘은 사울이 더 이상 자신의 눈에 작아 보이지 않지만 이제 자신의 중요성에 대해 부풀려진 시각을 가지고 있다는 것을 암시합니다. 너무 쉽게 일어납니다. 우리가 성공하면 그 성공이 우리의 머릿속으로 들어옵니다. 우리는 사람들이 우리에 대해 "정말 재능이 있다... 정말 똑똑하다... 정말 재능이 있다."고 말하는 것을 믿기 시작합니다.

이것이 바로 우리에게 영적 훈련이 필요한 큰 이유 중 하나입니다. 하나님의 말씀이라는 거울을 들여다보면 모든 좋은 은사는 하나님 아버지로부터 내려오는 것임을 상기하게 됩니다. 그래서 우리는 교만에 굴복하는 대신 감사하게 됩니다. 비즈니스가 로켓처럼 날아오르고, 수익이 급증하고, 지속적인 성장에 대한 전망이 장밋빛일 때, 조심하세요. 하나님에 대한 감사가 흘러넘치도록 하세요. 그분은 여러분의 모든 능력과 인맥, 교육을 주신 분이십니다.

대중 앞에서 발표하는 사람이라면 여러분을 걸려 넘어뜨릴 기회를 노리는 적을 조심하세요. 그는 웅크리고 있는 사자처럼 약점을 노리고 있습니다. 무대의 행위들이 최고로 잘 되고 있을 때 하늘을 바라보십시오. 사람들이 당신의 웅변력, 재치, 목소리 또는 능숙한 인도에 대해 칭찬을 아끼지 않을 때, 조심하십시오. 그것은 당신의 머릿속으로 들어갑니다. 몸을 숙일 때입니다. 여러분의 모든 것을 주신 분께 예배하시기 바랍니다.

  인디아나 존스 영화에서 사원의 보물을 찾던 남자가 위험한 장애물 코스를 통과하다가 머리가 잘리는 장면을 기억하시나요? 그가 지침을 읽지 않았기 때문에 일어난 일이죠. 그는 머리를 낮추는 것을 잊었습니다.

  겸손을 배운 지 40년이 지났지만 제 자존심은 여전히 살아 있습니다. 자존심을 낮추는 방법은 하나님과 다른 사람들에게 자신을 낮추는 것입니다. 자존심을 방치하면 많은 사업이 무너지고, 결혼 생활이 해체되고, 교회가 무너지는 원인이 됩니다.

  예수님과 바울은 모두 자존심을 내려놓는 방법을 보여주었습니다. 이 두 사람은 고대 세계에서 겸손과 자랑에 대한 생각을 완전히 뒤집은 두 가지 주요 동인이었습니다.

겸손 혁명

  고대 그리스와 로마 사회에서는 자신의 업적을 공개적으로 자랑하는 것이 매우 허용되는 것으로 여겨졌습니다. 황제든 일반인이든 고대 그리스와 로마 문화에서 가장 높은 가치는 명예였습니다. 그들은 오만함을 조장하지는 않았지만, 개인적인 공로가 공적인 명예를 누릴 자격이 있다고 믿었습니다. 자신의 업적을 자랑하며 마을을 돌아다니는 것은 지극히 정상적인 일이었습니다.

  사실 명예를 피한다는 것은 명예로운 사람이 아니라는 것을 의미했습니다. '신' 앞이나 로마 황제 앞에서 자신을 낮추는 것은 옳은 일로 여겨졌지만, 자신과 동등하거나 낮은 지위에 있는 사람 앞에서 자신을 낮추는 것은 예수님 시대까지 전혀 들어본 적이 없는 일이었습니다.

신이 인간이 되신 예수님은 1세기 사회에서 가장 수치스러운 방법으로 십자가에 못 박혀 죽으셨습니다. 메시아 예수가 십자가에서 수치스러운 죽음을 맞이한다는 생각은 1세기 로마의 사고방식으로는 우스꽝스러운 일이었습니다. 바울은 "십자가의 도가 멸망하는 자들에게는 미련한 것이요 구원을 받는 우리에게는 하나님의 능력이라"(고전 1:18)고 말합니다.

예수님과 바울은 우리에게 길, 즉 우리 자신에 대해 죽고 하나님 안에서 사는 겸손한 길을 보여 줍니다. 우리의 업적은 자랑할 만한 이유가 될 수 있지만, 우리는 오직 주님 안에서만 자랑할 수 있습니다.

주님을 자랑하세요

바울은 고린도에 보낸 두 번째 편지에서 "많은 사람이 세상 방식으로 자랑하고 있으니 나도 자랑하겠습니다."라고 익살스럽게 말합니다. 그는 히브리인으로서의 혈통을 자랑하는 것으로 시작해 그리스도와 그의 교회를 섬기기 위해 겪은 수많은 고난, 매 맞음, 굶주림, 불면의 밤을 나열합니다. 그는 자신의 고난을 자랑하고 있습니다. 본질적으로 그는 자신의 선행을 자랑하는 그리스와 로마의 전통을 조롱하고 있습니다. "내가 부득불 자랑할진대 내가 약한 것을 자랑하리라"(고후

11:30) 바울은 자랑이 아니라 다른 사람을 섬김으로써 자신을 증명해야 한다고 분명히 말합니다.

바울이 이 주제에 대해 글을 쓴 이유 중 하나는 그리스도의 종으로 가장하고 교회에 침투하여 자신만을 섬기는 '거짓 사도들'이 있었기 때문입니다. 그들은 자신의 영성을 자신 있게 자랑했습니다.

겸손하게 성장하는 방법

예수님과 바울은 균형 잡힌 겸손의 실천을 보여주었습니다. 겸손은 단순한 사고방식이 아니라 그들이 행한 행동이었습니다. 그들은 모두 낮은 자를 섬겼습니다. 두 사람 모두 자신의 필요보다 다른 사람의 필요를 먼저 생각했습니다. 그리고 모두 자신 대신 하나님을 기쁘시게 하는 것을 선택했습니다.

설거지와 집 청소를 할 때면 제 태도가 정화됩니다. 제가 무슨 대단한 가부장이라고 생각하지 않게 해줍니다. 대부분 하나님을 예배하는 데 관심이 없는 가난한 노숙자들을 위해 음악 예배 시간을 인도할 때 겸손한 태도를 기르는 데 도움이 됩니다. 먼 나라에 가서 새로운 교회 개척을 격려하기 위해 자원봉사를 할 때면 그리스도인의 삶이란 결국 예수님을 닮아가는 것임을 기억합니다. 도움이 필요한 사람들을 위해 제 삶을 내려놓는 것이 전부입니다. 예수님에 대해 배우고 예수님 일을 함으로써 예수님을 더 닮아가는 것입니다.

하나님을 예배하는 것은 교만을 뿌리 뽑습니다

예배에서 우리는 하나님이 얼마나 위대하신 분인지 묵상합니다. 그에 비하면 우리가 얼마나 작은 존재인지 알 수밖에 없습니다. 하나님의 거대한 우주에서 우리가 얼마나 보잘것없는 존재인지, 그럼에도 불구하고 하나님으로부터 높은 존경을 받고 있는지를 생각하면 더욱 하나님을 경배하게 됩니다. 예배를 드릴 때 우리는 하나님께서 우리에게 베푸신 크신 자비를 되새깁니다. 우리가 그분의 식탁에 초대받은 유일한 이유는 과분한 은혜의 선물 때문이라는 사실을 상기합니다.

고개를 숙이면 저 같은 작은 예배 인도자들이 자신이 정말 특별한 존재라고 생각하지 않게 됩니다. 우리는 그분이 우리를 사랑하시기 때문에 우리가 특별하다는 것을 깨닫습니다. 예배는 하나님께 겸손하게 의존하는 태도를 갖게 합니다. 예배는 우리가 주님과 상의하지 않고 큰 결정을 내리는 것을 막아줍니다. 예배는 우리가 세상의 문제에 대한 하나님의 해답이라고 생각하지 않게 합니다.

달라스 윌라드(Dallas Willard)는 남가주(University of Southern) 대학교의 철학과 교수이자 다작 작가였습니다. 이 글에서 윌라드는 예배에 대한 로마서 12장의 정의를 인용합니다. "예배는 전인 회복을 완성하고 지속시키는 가장 강력한 힘입니다. 예배는 동시에 혁신된 사고 생활의 전반적인 성격이며 인간이 설 수 있는 유일한 안전한 장소입니다." "여러분은 이 세대를 본받지 말고 오직 마음을 새롭게 함으로 변화를 받아 변화를 받으십시오."

생각을 새롭게 하는 것의 일부는 그리스도를 알기 전에 우리가 어디에 있었고 누구였는지 기억하는 것입니다. 바울은 이 점에서 훌륭한 본보기입니다. 그는 하나님이 자신을 부르셨을 때 예수님을 대적하던 자신의 모습을 기억합니다.

"내게 힘을 주신 우리 주 그리스도 예수께 감사드립니다... 저는 한때 신성 모독자이자 박해자이며 폭력적인 사람이었지만, 무지와 불신앙으로 행동했기 때문에 자비를 베풀어 주셨습니다. 우리 주님의 은혜가 저에게 풍성하게 부어졌습니다... 그리스도 예수님은 죄인인 저를 구원하기 위해 세상에 오셨습니다. 그러나 바로 그 이유 때문에 나는 자비를 베풀었습니다..."

하나님의 아낌없는 자비를 묵상하면 바울은 항상 예배를 향해 나아갑니다! 그는 하나님의 자비에 관한 이 부분을 경건한 기도로 마무리합니다. "이는 만물이 주에게서 나오고 주로 말미암고 주에게로 돌아감이라 그에게 영광이 세세에 있을지어다 아멘"(롬 11:36)

바울은 자신이 어디에서 왔는지 결코 잊지 않습니다. 바울은 자신의 기도를 통해 기적이 일어나는 것을 보았음에도 불구하고, 셋째 하늘로 들어 올려졌음에도 불구하고, 많은 교회를 개척하고 수백, 수천 명의 회심자를 보았음에도 불구하고, 자신이 어디에서 왔는지, 하나님께서 자신에게 보여주신 자비를 결코 잊지 않습니다.

하나님께서 저에게 베풀어 주신 모든 은혜를 기억할 때면 정말 감사할 따름입니다. 저는 이기적인 십대였는데 하나님은 저에게 그분의 사랑을 보여주셨습니다. 그 과정에서 그분은 제가 그분의 은혜 안에서 천천히 성장하는 동안 놀라운 인내심을 보여주셨습니다. 저의 불순한 동기에도 불구하고 그분은 저를 받아 주셨고 친절하게 회개하라고 부르셨습니다. 제 죄에 대한 하나님의 끊임없는 은혜를 기억할 때 제 자신을 너무 높게 생각하는 것은 불가능합니다.

바울도 로마서 11장에서 넘치는 자비라는 주제를 다루고 있습니다. "하나님이 모든 사람을 순종하지 아니하는 가운데 가두어 두심은 모든 사람에게 긍휼을 베풀려 하심이로다 깊도다 하나님의 지혜와 지식의 풍성함이여, 그의 판단은 헤아리지 못할 것이며 그의 길은 찾지 못할 것이로다 누가 주의 마음을 알았느냐 누가 그의 모사가 되었느냐 누가 주께 먼저 드려서 갚으심을 받겠느냐 이는 만물이 주에게서 나오고 주로 말미암고 주에게로 돌아감이라 그에게 영광이 세세에 있을지어다 아멘"(롬 11:32-36)

바울은 하나님께서 우리가 불순종하고 실망시킬 것을 충분히 알고 우리를 창조하셨다는 것을 알았습니다. 그분은 우리를 옳은 일을 하기 위해 그분의 도움이 필요한 의존적인 존재로 창조하셨습니다. 우리가 하는 모든 선한 일은 오직 하나님의 은혜로만 가능합니다. 이런 사실을 염두에 두고 어떻게 자랑할 수 있을까요?

바울은 자신이 하나님께 드릴 수 있는 것 중 하나님께서 이미 주지 않으신 것은 아무것도 없다는 것을 마음속 깊이 알고 있습니다. 그는 모든 것이 하나님으로부터, 하나님을 통해, 하나님을 위한 것임을 알고 있습니다. 바울은 예수님의 자비와 은혜를 가장 중심에 두었습니다. 이것은 그의 자존심을 낮춥니다. 겸손하게 걷기 위해서는 "모든 좋은 선물은 빛의 아버지로부터 내려온다"는 사실을 기억해야 합니다.

딱딱한 쿵 소리 피하기

미국 역사상 가장 재능이 뛰어난 사람 중 한 명인 벤자민 프랭클린(Benjamin Franklin)은 18세기의 저술가, 과학자, 발명가, 정치가였습니다. 프랭클린은 지능, 창의력, 외교력 등 많은 재능을 타고났습니다. 10대 시절 프랭클린은 오만과 겸손에 대한 중요한 교훈을 배웠고, 그 교훈은 항상 그를 괴롭혔습니다.

라이언 홀리데이(Ryan Holiday)는 그의 저서 『자아는 적이다(Ego is the Enemy)』에서 "1724년, 열여덟 살의 벤자민 프랭클린은 7개월 전 도망쳤던 보스턴을 다시 방문하기 위해 다소 승리에 도취한 채 돌아왔습니다. 자부심과 자기 만족감으로 가득 찬 그는 새 양복과 시계, 동전 주머니를 가지고 있었고, 특히 잘 보이고 싶었던 형을 포함하여 마주치는 모든 사람에게 펼쳐서 보여주었습니다. 필라델피아의 인쇄소 직원에 지나지 않았던 소년의 모든 자세가 돋보였습니다."

보스턴에 머무는 동안 프랭클린은 존경받는 과학자이자 목사이자 다작 작가인 코튼 매더(Cotton Mather)를 방문했습니다. 두 사람은 매더의 자택 서재에 있었는데, 집을 나설 때 매더는 프랭클린에게 낮은 천장 기둥에 머리를 부딪치지 말라고 경고하며 "구부려! 엎드려!" 프랭클린은 경고를 이해하지 못하고 기둥에 머리를 부딪쳤습니다. 매더는 그 기회를 놓치지 않고 충고 한마디를 건넸습니다. "자네는 아직

젊고, 아직 세상이 눈앞에 있으니 몸을 구부려서 지나가면 여러 번 부딪히지 않게 될 것이네."

몇 년 후 프랭클린은 이 경험을 아들에게 편지로 썼습니다. "이 충고는 제 머릿속에 박혀서 자주 제게 도움이 되었으며, 저는 사람들이 고개를 너무 높이 들고 있어서 겪는 불행을 볼 때면 종종 이 충고를 떠올립니다."

인생에서 저는 너무 자기 생각에 빠져서 그 단단한 쿵 소리를 피할 때가 많았습니다. 세월이 흐르면서 저는 큰 나무 기둥에 제 머리를 부딪히는 고통과 수치심을 피하는 법을 서서히 배우고 있습니다.

겸손하고 감사하는 자리는 안전한 곳입니다.

10장
주님을 참을성 있게 기다리십시오

나는 기다리는 것을 싫어합니다. 교통 체증이 풀리기를 기다리는 것, 은행 상담원과 통화하기 위해 전화로 기다리는 것, 비행기 탑승이 끝나기를 기다리는 것, 누군가가 말을 멈추기를 기다리는 것…….

어린아이일 때는 빨리 큰 아이가 되고 싶어서 기다립니다. 십 대일 때는 어른이 되기를 기다릴 수 없습니다. 자전거가 있으면 자동차를 갖고 싶다는 생각이 듭니다. 청년이 되면 결혼을 빨리하고 싶습니다. 결혼을 하면 아이를 갖고 싶어 안달이 납니다. 결혼 생활에서 한 배우자는 종종 다른 배우자가 인생의 중요한 결정을 내릴 준비가 될 때까지 기다려야 합니다.

초급 직장에 다니면 승진을 기다릴 수 없습니다. 승진하면 또 다른 승진을 기다릴 수 없습니다. 사역에 대한 은사와 열망이 있다면 큰 기회를 기다릴 수 없습니다. 다음 목표를 달성하기 위한 비전이 있다면 항상 다음 단계를 기다리는 긴장감에 휩싸이게 됩니다.

인생은 기다림으로 가득합니다. 참을성 있게 기다리는 것은 하나님께서 우리 삶에 겸손을 일깨워 주시는 한 가지 방법입니다. 10분이든 10년이든 인내심을 가지고 기다린다는 것은 우리가 상황을 통제할 수 없다는 것을 인정하는 것입니다. "네, 하나님, 주님은 저와 함께 하시고, 주님의 축복에 감사드립니다."라고 말하는 것입니다.

예수님은 기다리셨습니다.

기다림을 통해 우리는 인간 조건의 연약함에 자신을 복종하신 예수님의 연약함에 참여하게 됩니다. 예수님도 우리와 마찬가지로 기다려야 했습니다. 예수님은 물을 포도주로 바꾸기 직전에 아주 이상한 말씀을 하셨습니다.

가나 혼인 잔치에서 그의 어머니는 포도주가 떨어졌다며 문제를 해결해 달라고 부탁했습니다. 예수는 어머니를 '여인'이라고 불렀는데, 이는 그 문화권에서는 매우 무례한 용어였습니다. 그는 "아니에요, 제 때가 아닙니다!"라고 응석받이 십대처럼 대답했습니다. 그리고 바로 다음 순간, 그는 문제를 해결했습니다. "안 돼요"라고 말하면서 어쨌든 그 일을 처리하는 것은 매우 모순된 행동입니다. 메시아는 문제가 없는 한 그렇게 행동하지 않습니다.

아마도 예수의 이러한 행동에 대한 설명은 그가 매우 중요한 것을 기다리는 답답한 상황에 처해 있었기 때문일 것입니다. 아마도 이 혼인 잔치의 포도주는 예수님으로 하여금 어린 양의 혼인 잔치에서 신부인 교회와 함께 마실 포도주에 대해 생각하게 하셨을 것입니다. 이 하늘의 잔치를 묵상한다는 것은 그 영광스러운 날을 앞두고 견뎌야 할 고난에 대해서도 생각한다는 것을 의미했습니다. 예수님은 자신의 삶과 고난, 죽음과 부활이 펼쳐질 아버지의 타이밍을 기다려야 했습니다. 그래야만 신부와 하나가 되어 포도주를 맛볼 수 있었습니다. 예수님의 첫 번째 기적 사건에 대한 이 관점에 대해 더 자세히 알아보려면 뉴욕 리디머 장로교회의 담임목사였던 티모시 켈러(Timothy Keller) 목사의 설교 "포도주의 주님"을 들어보시기 바랍니다.

무언가를 기다려야 할 때, 우리는 하나님은 위대하시고 우리는 작다는 사실을 겸손히 받아들입니다. 기다림은 고통스럽지만, 그분이 선을 가져다주실 것을 믿고 참을성 있게 기다립니다. 어떤 의미에서 그리스도인의 삶 전체는 하늘에 거할 집을 짓기 위해 기다리는 것입니다.

하나님은 우리가 참을성 있게 기다릴 때 우리를 만드십니다. 기다림의 과정은 단순한 경로가 아니라 요점입니다. 그분은 우리 안에서 그분의 형상을 만드십니다. 우리가 겸손히 주님을 기다릴 때 그분은 우리를 기쁜 향기로 만드십니다. 우리가 인생의 상황에 겸손히 복종할 때 그분과의 우정은 더욱 깊어집니다.

낮아지는 법 배우기

70년대에 음악을 작곡하고 녹음하기 시작했을 때, 하나님께서는 중요한 일이 일어나기까지 10년을 기다리게 하셨습니다. 그 덕분에 저는 그분을 더 깊이 알게 되었습니다. 저는 오랜 시간 동안 제련의 불을 겪었습니다. 잠깐, 잠깐, 그리고 조금 더 기다렸습니다. 겸손에 대해 배우고 있었습니다.

처음 시작했을 때 저는 불안했고 제 자신과 소명에 대해 확신이 없었습니다. 저는 제 음악적 재능을 사용하려고 애쓰면서 스스로 높아지려는 추악한 욕망과 싸우고 있었습니다. 저는 종종 하나님께 제 마음과 동기를 정화해 달라고 기도했습니다. 그 후 10년 동안 저는 목회자 훈련을 받았고 수백 곡의 예배곡을 작곡했습니다. 서서히 자신감과 경험이 쌓이면서 기독교 음반사에 제 노래를 들려주려고 몇 번 시도했습니다. 하지만 아무 성과가 없었어요. 더 기다려야 했습니다. 그래서 저는 계속 지역 교회에서 예배를 인도하고 가끔 다른 교회에서 예배 콘서트를 인도했습니다.

여호와를 신뢰하고 선을 행하라

그 당시 저는 주님을 기다리는 단순하지만 강력한 원리를 실천하고 있었습니다. 시편 37편은 "여호와를 의뢰하고 선을 행하라 땅에 머무는 동안 그의 성실을 먹을 거리로 삼을지어다"(시 37:3)고 말합니다.

선을 행하기만 하면 됩니다. 가족, 교회, 지역사회에 선을 행하십시오. 지루하거나 답답할 수도 있습니다. 꿈이 이루어지지 않는 것처럼 보일 수도 있습니다. 괜찮아요, 그냥 선을 행하세요. 영웅이 되려고 하지 말고 옳은 일을 하세요. 몇 구절 후 시편 기자는 다시 말합니다. "여호와 앞에 잠잠하고 참고 기다리라 자기 길이 형통하며 악한 꾀를 이루는 자 때문에 불평하지 말지어다"(시 37:7)

저는 전형적인 장남의 'A형' 성격입니다. 제 안에는 성취를 향해 달리는 커다란 엔진이 있습니다. 대학을 졸업한 후 진로가 나타나기까지 몇 년을 기다려야 했던 것은 매우 겸손한 일이었습니다. 저는 봉사하는 학교에 다녔습니다. 저는 두 교회에서 자원봉사 인턴 목사로 일하면서 생계를 유지하기 위해 저임금 아르바이트를 했습니다. 세속적인 직업을 얼마든지 추구할 수 있었지만, 기독교 사역에 대한 소명을 느꼈기에 다른 길에 안주할 수 없었습니다. 하지만 사역에서 제 역할은 어떤 모습일지 알 수 없었습니다. 저는 기다려야 했습니다.

기다리는 동안 저는 하나님을 사랑하고 사람들을 사랑하는 법을 배웠습니다. 나보다 재능이 떨어지는 다른 예배 인도자들을 비판하지 않는 법을 배웠습니다. 하나님께서 어떤 카드를 주셔도 하나님께 충성하는 것이 인생의 우선순위라는 것을 배우고 있었습니다. 앞으로 나아갈 길이 보이지 않았기 때문에 저는 고개를 숙이고 지역 교회에서 제 은사를 사용하는 당연한 일을 해야 했습니다.

영적 여정을 시작한 지 10년 후인 1985년, 저는 캐나다로 이주해 새로운 교회 개척의 사역자로 합류했습니다. 얼마 지나지 않아 저는 빈야드 운동의 지도자이자 국제적으로 인정받는 존 윔버가 이끄는 컨퍼런스에서 예배를 인도하도록 초대받았습니다. 그 후 10년 동안 저는 미국 전역과 전 세계에서 윔버와 함께 수십 차례의 대형 행사에서 예배를 인도했습니다.

이는 훨씬 더 큰 차원으로 도약한 것이었습니다. 이것이 작가, 예배 인도자, 녹음 아티스트, 그리고 다른 많은 예배 인도자들에게 영향을 미치는 경력의 시작이었습니다. 그 이후로 저는 다른 비전과 계획이 실현되기를 기다리며 많은 시간을 보냈습니다. 어떤 것들은 하나님의 생각이 아니었기 때문에 결코 일어나지 않았습니다. 일부는 분열되어 사라졌습니다.

그 모든 과정을 통해 저는 답이 없는 많은 질문에도 불구하고 만족하는 법을 배웠습니다. "사람의 발걸음은 주님의 인도하심입니다. 그렇다면 어떻게 사람이 자신의 길을 이해할 수 있겠습니까?" 겸손한 항복은 인내심을 가지고 기다리는 방법이며, 인생에 대한 무수한 질문에 대처하는 방법이기도 합니다. 주님은 참 신이시지만 우리는 그렇지 않습니다. 때때로 그것은 기다림을 의미합니다.

그분은 당신의 큰 보상입니다

은퇴 연령이 훨씬 지났을 때 아브람은 하나님의 방문을 받았습니다. 주님은 아브람에게 "본토 친척 아비 집을 떠나 내가 네게 보여줄 땅으로 가라"고 말씀하셨습니다. 아브람의 삶은 자신이 결코 선택하지 않았을 일을 하도록 하나님의 부르심을 받은 많은 사람들의 예 중 하나입니다. 그들은 하나님의 뜻에 순종하기 위해 자신을 낮췄습니다.

하나님께서는 75세의 아브람에게 믿음의 모험을 할 때가 되었다고 결정하셨습니다. 그 후 25년 동안 아브람은 아내, 조카, 모든 소유물을 이끌고 먼 가나안 땅으로 떠났습니다. 하나님께서는 아브람에게 땅의 모래알처럼 많은 후손을 만들겠다는 엄청난 약속을 하셨습니다. 아브람은 그 약속이 실현되기까지 아주 오랜 시간을 기다려야 했습니다.

아브람은 익숙한 모든 것, 즉 아버지의 땅과 이전의 삶의 방식에 대한 모든 애착을 뒤로하고 떠났습니다. 그는 자신이 어디로 가는지 정확히 알지 못한 채 떠돌이 신세가 되었습니다. 하나님은 여러 번 그에게 나타나셔서 축복의 약속을 재확인하고 확장해 주셨습니다. 오랜 기다림 동안 아브람의 반응은 대부분 계속 믿고 계속 예배하는 것이었습니다.

아브람은 온갖 어려움에 직면했고 심각한 실수도 저질렀습니다. 그는 외국 왕들에게 아내에 대해 거짓말을 했는데, 사래가 아내가 아니라 누이라고 말했습니다. 아브람은 자신과 백성들이 죽임을 당할까 봐 두려움에 거짓말을 했습니다. 하나님은 은혜를 베푸셔서 아브람을 자신이 처한 곤경에서 구해 주셨습니다. 이런 실수에도 불구하고 하나님께서는 아브람의 신실함을 인정하셨습니다.

아브람은 조카 롯을 지역 부족장들로부터 구출하기 위해 전투를 벌였습니다. 이 끔찍한 전투가 끝난 후 주님은 환상을 통해 아브람에게 말씀하셨습니다. "이 후에 여호와의 말씀이 환상 중에 아브람에게 임하여 이르시되 아브람아 두려워하지 말라 나는 네 방패요 너의 지극히 큰 상급이니라"(창 15:1)라고 말씀하셨습니다. 하나님 자신이 아브람의 상이 되셨습니다. 스스로에게 이 질문을 해보시기 바랍니다. "나는 나의 보상을 하나님께 바라보고 있는가?"

아브람은 약속의 땅으로 향하는 여정에서 모든 신뢰와 희망을 하나님께 두는 법을 배웠습니다. 하나님의 축복의 약속이 실현되기를 기다리는 동안 우리는 우리의 보상으로서 하나님을 붙잡습니다. 우리는 그분께 대한 충성심과 그분과의 우정을 더욱 깊게 합니다. 기다림 속에서 우리는 인내하고 성숙해집니다. 우리는 인격을 발전시킵니다. 우리는 약속을 기다리는 동안에도 믿음으로 행하며 옳은 일을 행합니다. 하나님은 이를 기뻐하십니다.

아브람의 여정 초기에 하나님은 그에게 "내가 그 땅을 네게 주리니 너는 가서 그 땅의 길고 넓은 곳으로 걸어가라"고 말씀하셨습니다. 이 약속이 실현되기까지는 수년, 어쩌면 20년이 걸릴 수도 있었습니다. 이 구절에서 하나님의 시간관을 살펴보십시오. "... 내가 [현재 시제로] 그것을 네게 주고 있다." 아브라이 약속을 받기까지는 몇 년이 걸릴 것이지만, 하나님은 "내가 그것을 네게 주겠다"고 말씀하셨습니다. 하나님은 시간에 대한 탄력적인 정의를 가지고 계십니다. 그분은 시간 이전과 시간 이후에 존재하십니다. 그분의 길은 우리의 길 위에 있습니다. 우리는 그분의 시간에 순응합니다. 그동안 우리는 인내심을 갖고 기다리며 충실히 살아갑니다.

세상은 개인의 힘과 특권을 행사하는 사람들, 즉 '자신의 운명을 스스로 통제'하는 사람들을 축하하고 존경합니다. 하나님은 자신의 상황을 변화시키실 때까지 인내심을 가지고 기다리는 사람들에게 박수를 보내십니다. 아브라함의 삶은 우리가 걸어가는 믿음의 마라톤의 한 그림입니다. 우리는 종종 하나님께서 왜 이렇게 많은 시험과 시련을 허락하시는지에 대해 많은 의문을 품고 꾸준히 앞으로 걸어갑니다.

교만한 사람은 삶이 어려울 때 "나는 답을 요구한다!"라고 말합니다. 겸손한 사람은 '하나님은 토기장이이시고 우리는 진흙'이라는 것을 압니다. 우리는 그분의 계획과 타이밍에 따라 우리를 계속 빚어 가도록 허용합니다.

99세 때 하나님은 아브람에게 나타나셔서 그와 새 언약을 맺으시고 그의 이름을 아브라함으로 바꾸셨습니다. 하나님은 "아브람이 구십구 세 때에 여호와께서 아브람에게 나타나서 그에게 이르시되 나는 전능한 하나님이라 너는 내 앞에서 행하여 완전하라"(창 17:1)라는 평범하고 단순한 명령을 반복하셨습니다. "내가 내 언약을 나와 너 사이에 두어 너를 크게 번성하게 하리라 하시니"(창 17:2)라고 말씀하셨습니다.

많은 경우, 평범하고 단순한 옳은 일을 하는 것이 하나님께 영광을 돌리는 일입니다. 자녀나 배우자, 직장 동료에게 올바른 말을 하는 것처럼 말입니다. 한 번에 한 걸음씩, 하루에 한 걸음씩 도움이 되고 친절하게 대하는 일상을 계속하는 것과 같습니다.

공격을 받는 동안 주님을 기다리기

제가 기다려야 했던 가장 힘든 일 중 하나는 적처럼 행동하는 친구들의 공격으로부터 벗어나는 것이었습니다. 믿었던 형제자매들이 우리를 공격할 때 그것은 치명적인 타격을 가하는 것과 같습니다. 저는 지난 40년 동안, 이와 같은 대립이 여러 차례 있었던 것을 분명히 기억합니다. 제가 내리는 결정에 동의하지 않는 교회 지도자들. 가족과의 심한 갈등 등입니다.

때때로 친구들은 완전히 악랄할 수 있습니다. 교인들은 화를 내며 비난을 퍼붓고 불화와 비방을 퍼뜨릴 수 있습니다. 강력한 지위에 있는 지도자들은 자신의 권력을 남용하고 때로는 무고한 사람들이 그 표적이 되기도 합니다.

다윗 왕은 우리에게 공격에 대응하는 방법을 가르쳐 줍니다. 다윗은 정적과 자신의 자손들이 자신에게 등을 돌렸을 때 목숨이 위태로웠습니다. 시편 27편에서 다윗은 생명을 위협하는 위험을 경험합니다. 그는 하나님께 달려가 보호를 요청합니다. 공격받는 사람들을 위한 다윗의 조언은 다음과 같습니다. "당신이 하는 모든 일을 여호와께 맡기십시오. 그를 신뢰하면 그가 당신을 도울 것입니다... 주님 앞에서 가만히 있어 주님의 행동을 참을성 있게 기다리십시오... 화를 내지 마십시오. 분노에서 돌이키십시오. 화를 내지 마십시오. 화는 해를 끼칠 뿐입니다... 주님을 기다리십시오... 강건하고 마음을 가다듬고 주님을 기다리십시오."

잠깐, 잠깐, 조금만 더 기다리십시오. 하나님께서 학대와 비난의 광기를 정리하실 때까지 기다리십시오. 우리는 우리를 향한 것과 같은 분노의 마음으로 대응하지 말고 낮은 자세로 임해야 합니다. 하나님은 우리의 변호자이십니다. "그분이 행동하실 때까지 참을성 있게 기다리십시오." 억울한 누명을 쓰고 있다면 결국 모든 사람에게 진실이 밝혀질 것임을 명심하십시오.

예수님은 우리를 위해 도살장에 가신 고난 받는 어린 양이셨습니다. 그분은 여러분이 겪고 있는 일을 알고 계십니다. 그분은 여러분의 결백이 의심받을 때 여러분을 지탱해 주실 수 있습니다. 바울은 로마 교회에 "너희를 핍박하는 자를 축복하고 저주하지 말라... 누구든지 악을 악으로 갚지 말라... 악에 지지 말고 선으로 악을 이기라"고 갈등 속에서 사랑하는 방법을 가르칩니다.

우리는 이러한 공격으로부터 우리를 구출하시는 하나님의 시간표를 통제할 수 없습니다. 우리가 할 수 있는 일은 하나님께서 개입하실 것을 믿고 조용히 우리의 일을 하는 것뿐입니다. 분노에 휩쓸리지 마십시오. 신뢰하는 마음으로 주님을 바라보십시오. '당신의 지극히 큰 상급'이신 주님을 붙잡으십시오.

환갑의 나이에 저는 항상 바쁩니다. "선을 행하고, 그 땅에 거하며, 안전한 목초지를 누릴 수 있는" 방법은 많습니다. 프리랜서 예배 인도자인자 교사로서 저는 새로운 과제를 시작하고 마무리하는 일이 잦습니다. 한 가지 일로 바쁘게 지내다 보면 몇 달 후면 그 일이 끝나는 것이 보입니다. 그래서 기도하며 다음 일을 기다립니다.

지난 몇 달 동안 현재 제 과제가 끝나가는 것을 보면서 주님은 제게 "모퉁이를 돌면 곧 무언가가 있으니 기다려라"라고 속삭이셨습니다. 기다리는 동안 저는 하루하루를 소중히 여기며 매 순간을 즐기려고 노력합니다. 저는 하나님의 많은 축복에 대해 감사하고 모든 기회를 최대한 활용하려고 노력합니다.

그분은 내 안에 살아 계셔서 내 마음을 깨우치고 내 마음에 말씀하십니다. 그분의 은혜가 다음 단계로 나아갈 수 있도록 힘을 실어주고 계십니다. 그분 안에 거하고 그분을 신뢰하십시오. 선을 행하고, 안전한 목초지를 누리고, 아브라함처럼 나이와 성별에 상관없이 새로운 믿음의 모험을 시작할 준비가 되어 있는 사람이 되십시오.

11장
겸손이 마음을 이깁니다

> "본질적으로 겸손하고 단순하며 사회적 지위에 관계없이 모든 인간에 대한 절대적인 신뢰를 가진 사람에게는 보편적인 존경과 경외심까지 있습니다."
>
> 넬슨 만델라(Nelson Mandela)

다양한 철학을 가진 사람들은 겸손한 사람을 존중합니다. 겸손한 태도를 가진 사람은 어떤 상황에서도 호의의 길이 열리는 것을 종종 발견하게 됩니다. 이기주의는 많은 유명 부자와 유명인들의 행동 방식이지만, 겸손의 미덕은 시대를 초월해 보편적으로 인정받고 있습니다.

짐 콜린스(Jim Collins)는 베스트셀러 저서인 『좋은 것에서 위대함으로(Good to Great)』에서 포춘지 선정 500대 기업 중 11개 기업을 대상으로 한 연구 결과를 공유하여 이들의 성공 요인을 파악했습니다. 콜린스는 회사를 큰 성공으로 이끈 CEO들에게서 두 가지 주요 특징을 발견했습니다. 첫 번째는 "회사를 위대하게 만들기 위해 무엇이든 하겠다는 맹렬한 결심과 금욕주의에 가까운 결단력"이었습니다. 놀라운 일이 아닙니다.

콜린스가 '위대한' CEO에게서 발견한 두 번째 특성은 훨씬 더 놀랍게도 겸손이었습니다. 이러한 CEO의 동료들은 조용하고, 겸손하고, 겸손하고, 내성적이고, 수줍음이 많고, 우아하고, 온화한 매너를 지녔고, 자기표현이 적고, 절제된… 등의 단어로 이들을 묘사했습니다.

"훌륭한 지도자들은 결코 인생보다 더 큰 영웅이 되기를 원하지 않았습니다." 이러한 지도자는 "자아에 대한 욕구를 자신에게서 벗어나 위대한 회사를 만든다는 더 큰 목표에 집중합니다… 그들의 야망은 무엇보다도 조직을 위한 것이지 자신이 아닙니다."

콜린스가 연구한 지도자 중 한 명은 다윈 스미스(Darwin E. Smith)였습니다. "1971년 다윈 스미스라는 평범해 보이는 사람이 지난 20년 동안 주가가 일반 시장보다 36%나 하락한 낡은 제지 회사였던 킴벌리클라크의 최고 경영자가 되었습니다. 그 후 20년 동안 스미스는 놀라운 변화를 일으켜 킴벌리클라크를 세계 최고의 종이 기반 소비재 회사로 이끌었습니다."

인상적인 성과였습니다. 하지만 다윈 스미스에 대해 아는 사람은 거의 없습니다. "자신을 내세울 줄 몰랐던 스미스는 배관공과 전기 기술자 사이에서 가장 좋아하는 동료들을 찾았고, 휴가 때는 위스콘신 농장에서 굴착기 운전석에 앉아 구멍을 파고 돌을 옮기며 바쁘게 보냈습니다."라고 콜린스는 설명합니다.

콜린스는 "비교 대상 지도자들의 매우 나 중심적인 스타일과 달리, 위대한 지도자들은 자신에 대해 이야기하지 않는 모습에 놀랐습니다."라고 설명합니다. 훌륭한 지도자들은 자신의 공헌에 대한 논의를 회피했습니다. 자신에 대해 이야기하라는 압박을 받으면 "내가 거물처럼 들리지 않았으면 좋겠습니다." 같은 말을 하곤 했습니다. 가끔 자기 이야기만 장시간 하는 사람을 만나게 될 때가 있습니다. 그런 사람들과 함께 지내는 것은 제 성격을 시험하는 일입니다.

콜린스는 자신의 연구에서 지도력 역할의 계층 구조를 설명하는 차트를 개발했는데, 가장 위쪽이 '레벨 5 지도자'입니다. 이러한 유형의 지도자는 '결코 자랑하지 않으며 "회사의 성공에 대한 공로를 다른 사람, 외부 요인, 행운으로 돌리기 위해 거울이 아닌 창밖을 바라본다."고 합니다. 이들은 자신이 기여하는 팀의 일원임을 알고 자신의 역할을 다할 뿐입니다.

반면, 리 아이아코카(Lee Iacocca)처럼 유명하고 카리스마 넘치는 지도자 중에는 큰 성공을 겸손하게 받아들이지 않은 사람도 있습니다. 아이아코카는 크라이슬러에 입사하여 파산 직전의 자동차 제조업체를 구해내며 순조로운 출발을 보였습니다. 그는 회사를 회생시켰고 성공적인 경영자로 명성을 떨쳤습니다. "그러나 그는 미국 비즈니스 역사상 가장 유명한 CEO 중 한 명이 되는 데 관심을 돌렸습니다."

한때 그는 미국 대통령 선거 출마를 고려하기도 했습니다. 그는 "크라이슬러를 운영하는 것이 국가를 운영하는 것보다 더 큰 일이었다... 6개월이면 국가 경제를 처리할 수 있다."는 말을 한 적이 있습니다. 아이아코카는 초기 성공으로 인해 자존심이 크게 부풀어 올랐고 회사의 성공은 지속되지 않았습니다.

캐서린 그레이엄(Katharine Graham)

1963년 캐서린 그레이엄은 사망한 남편을 대신하여 '워싱턴 포스트'지의 발행인으로 취임했습니다. 그녀는 미국 주요 신문의 첫 여성 발행인이었습니다. 사업 경험이 부족했지만, 그레이엄은 이 신문을 엄청난 성장과 성공으로 이끌었습니다.

그레이엄 여사는 전 세계 대통령과 왕족을 비롯한 부유하고 유명한 사람들을 접대했습니다. 한 번은 "모든 위대한 지도자의 가장 중요한 특성이 무엇일까요?"라는 질문을 받은 적이 있습니다. 그레이엄은 주저 없이 '오만함이 없는 것'이라고 대답했습니다. 그레이엄은 오만함이 지도자를 비효율적으로 만드는 가장 큰 요인이라고 생각했습니다. 오만이란 "우월감이나 자만심을 불쾌하게 드러내는 것, 위압적인 자부심"으로 정의됩니다.

자신을 우월하다고 생각하는 사람과 함께 있는 것을 좋아하는 사람은 아무도 없습니다. 오만과 교만은 사람들을 멀리하게 만드는 반면 겸손은 사람들을 끌어당깁니다. 우리가 겸손을 받아들인다면 동료의 조언에 열심히 귀를 기울일 것입니다. 비즈니스는 물론 사회생활의 모든 분야에서 자연스럽게 관계를 구축할 수 있습니다. 겸손한 사람은 다른 사람을 존중하고 존중하며 봉사하는 것을 최우선으로 생각하기 때문에 겸손한 사람과 함께 일하기가 쉽습니다.

소크라테스(Socrates)는 "진정한 지혜는 아무것도 모른다는 것을 아는 것"이라고 말했습니다. 겸손한 사람은 다른 사람의 의견에 귀를 기울임으로써 더 강해지고 성공할 수 있다는 것을 알고 있습니다. "좋은 방향이 없으면 사람들은 길을 잃고 현명한 조언을 따를수록 더 나은 기회를 얻을 수 있습니다."

제프 보스(Jeff Boss)는 포브스 매거진에 '겸손한 사람들의 13가지 습관'이라는 글을 기고했습니다. 이 습관 중 하나는 경청하는 습관입니다. 보스는 "자신의 말을 하고 싶어 안달이 난 사람과 대화하는 것보다 더 짜증나는 일은 없습니다. 상대방이 정신없이 돌아가는 것을 보면 경청하는 것이 아니라 말하기를 기다리고 있다는 신호입니다. 왜 그럴까요? 상대방은 여러분의 말을 듣는 것보다 자신의 말이 더 가치 있다고 생각하기 때문입니다. 다시 말해, 자기 이익을 우선시하는 것입니다."

보스는 겸손한 사람이 좋은 경청자라고 말합니다. "겸손한 사람은 대화를 요약하기 전에 다른 사람의 말을 적극적으로 경청합니다. 또한 겸손한 사람은 대화를 지배하려고 하거나 사람 위에 군림하려고 하지 않습니다. 그들은 호기심 때문에 다른 사람을 이해하고자 합니다."

또한 보스는 겸손한 관리자와 직원 사이에 건강하고 오래 지속되는 관계가 존재한다는 사실에 주목합니다. 그는 1,000명 이상의 직원을 대상으로 한 조던 라보프(Jordan LaBouff)의 연구(약 200명이 지도자 직책에 있음)를 인용합니다. 이 연구에 따르면 "겸손한 사람이 지도자 직책을 맡은 회사의 직원 몰입도가 높고 직원 이직률이 낮았다."고 했습니다.

오만한 지도자

캐서린 그레이엄은 남의 말을 잘 듣지 않는 오만한 지도자들을 많이 보았을 것입니다. 그들은 자신과 자신의 의견에 대해서만 이야기하기를 좋아했습니다. 그들은 부하 직원이나 동료의 건설적인 비판을 듣지 못했습니다. 어떤 경우에는 이러한 태도가 기업의 몰락을 가져온 경우도 있었습니다.

짐 콜린스(Jim Collins)의 '굿 투 그레이트(Good to Great)' 연구에 따르면, 오만함은 실패한 CEO의 대부분 특징이었습니다. "비교 사례(실패한 기업)의 3분의 2 이상에서 회사의 몰락 또는 지속적인 평범함에 기여한 거대한 개인적 자아의 존재를 발견할 수 있었습니다." 오만은 우리 자신의 잘못에 눈을 멀게 합니다. 오만은 자신의 의견이 틀릴 수 있다는 생각을 하지 못하게 합니다. 그 결과 우리 자신의 삶과 우리가 일하는 조직이 평범해집니다.

CNN, CNBC, Fox News에서 일한 성공적인 금융 저널리스트 마리아 바티로모(Maria Bartiromo)는 이 사실을 강조합니다. 바티로모는 『지속적인 성공의 10가지 법칙(The 10 Laws of Enduring Success)』이라는 책을 썼습니다. 그녀는 "겸손이 없으면 자신과 타인에 대한 진실을 결코 볼 수 없다."고 썼습니다.

바티로모는 겸손한 사람들에게 감명을 받은 사람들에 동참합니다. "제가 아는 가장 위대한 사람들 중 일부는 가장 겸손한 사람들이기도 합니다. 겸손은 자만하거나 다른 사람들이 정상에 오르는 과정에서 자신을 밟고 올라가는 것을 허용하는 것을 의미하지 않습니다. 그저 자신이 인간임을 인정하는 것일 뿐입니다...." 그녀는 겸손이 매력적이라고 주장합니다. "겸손을 가진 사람은 매우 매력적입니다..... 우리는 사람들이 자신을 비웃을 수 있을 때 그것을 즐깁니다. 우리는 항상 자신의 이미지에 신경 쓰는 손가락질하는 사람, 문장 분석하는 사람을 싫어합니다."

팻 윌리엄스(Pat Williams)는 작가이자 동기를 부여해주는 훌륭한 연사로 NBA에서 최고 수준의 스포츠 임원직을 다수 역임했습니다. 다년간 성공적인 프로 스포츠 팀을 이끌면서 윌리엄스는 겸손의 가치에 대해 많은 것을 배웠습니다. "겸손한 지도자는 다른 관점에 귀를 기울일 수 있을 만큼 강하고, 실수를 인정하고 그로부터 배울 수 있을 만큼 강하며, 다른 사람의 업적과 성공을 축하할 수 있을 만큼 강하고, 위협을 느끼거나 위축되지 않고 재능 있는 사람들과 함께할 수 있을 만큼 강합니다."

사람들은 겸손에 이끌립니다

역사를 간단히 살펴보면 아브라함 링컨이나 벤자민 프랭클린과 같은 사람들이 겸손을 받아들였고, 그것이 성공의 열쇠였다는 것을 알 수 있습니다. 세속 사회에서는 겸손이라는 개념이 많이 언급되지는 않지만, 사람들은 겸손의 자질을 알아보고 존중합니다. 겸손은 모든 종류의 사람들에게 적용되는 영적인 법칙과도 같습니다. 친절하고 세심하며 기꺼이 배우려고 노력한다면 사람들에게 호감을 얻을 수 있습니다. 겸손은 호감을 줍니다.

C. S. 루이스는 겸손한 사람의 프로필에 대해 다음과 같이 말했습니

다. "아마도 당신이 그에 대해 생각하는 것은 그가 당신이 그에게 한 말에 진정한 관심을 보인 쾌활하고 지적인 사람 같았다는 것뿐일 것입니다. 만약 당신이 그를 싫어한다면 그것은 인생을 너무 쉽게 즐기는 것처럼 보이는 사람을 조금 부러워하기 때문일 것입니다. 그는 겸손에 대해 생각하지 않을 것입니다. 그는 자신에 대해 전혀 생각하지 않을 것입니다."

루이스는 왜 겸손한 사람을 쾌활하다고 묘사했을까요? 겸손과 쾌활함 사이에는 어떤 연관성이 있을까요? 겸손은 여러 성격 특성 중 하나입니다. 겸손한 사람은 삶의 모든 영역에 하나님을 모시기로 선택합니다. 겸손한 사람은 모든 것을 하나님께 맡기므로 불안의 지배를 받지 않습니다. 겸손한 사람은 참되고, 고귀하고, 옳고, 순수하고, 사랑스럽고, 감탄할 만하고, 훌륭한 것을 생각하려고 노력합니다. 이런 종류의 생각은 우리 삶에 기쁨을 불러옵니다. 반대로 자신에 대해서만 생각한다면 불행할 이유가 수천 가지나 될 것입니다. 그리스도 안에서 우리는 어려움 속에서도 기뻐하는 법을 배웁니다.

겸손한 사람은 음울하고 어두운 사람이 아닙니다. 루이스는 겸손한 사람이 다른 사람에게 관심을 갖는다고 묘사하는데, 바로 그것이 예수를 따르는 진정한 제자의 모습이기 때문입니다. 예수님을 알면 우리의 시선이 주변 사람들에게로 향하게 됩니다. "나보다 다른 사람을 더 중요하게 여길 때" 우리는 좋은 경청자가 됩니다. 열심히 경청할 때 사람들은 당신이 진정으로 상대방에게 관심을 갖고 있다고 느낍니다. 루이스는 겸손한 사람을 예수님 안에 거하면 불안에서 해방되고 긍정적인 시각을 갖게 되므로 삶을 즐기는 사람이라고 설명합니다.

팻 윌리엄스는 자신의 책 『겸손: 성공의 비결(Humility: The Secret Ingredient of Success)』에서 "진정으로 겸손한 사람을 만나는 것보다 더 즐거운 경험은 거의 없습니다. 겸손한 사람과 함께 있으면 자신이 있는 그대로 받아들여지고, 귀 기울여지고, 인정받을 수 있다는 것을 알 수 있습니다. 진정으로 겸손한 사람은 당신을 감동시키려 하거나, 당신을 조종하려 하거나, 당신을 판단하거나, 당신을 비판하거나, 당신의 처지에 놓으려 하지 않습니다. 겸손한 사람은 곁에 있어도 안전합니다. 긴장을 풀 수 있습니다. 여러분은 여러분 자신이 될 수 있습니다."

보장은 없다

겸손하게 산다고 해서 특별한 보상이나 성공이 보장되는 것은 아니지만, 겸손한 삶은 하나님이 준비하신 축복을 받을 수 있는 위치에 놓이게 해줍니다. 겸손한 사람들이 하나님의 눈과 사회적 기준 모두에서 성공했다고 할 수 있는 훌륭한 예는 역사에서 무수히 많이 찾아볼 수 있습니다.

선행을 베푸는 것과 물질적 선물이든 영적인 축복이든 특정 축복을 받는 것 사이의 구체적인 인과관계를 분리할 수는 없습니다. 하지만 겸손한 사람이 더 호감을 받는다는 것은 분명합니다. 겸손에는 사랑, 친절, 인내심 등 다양한 성격적 특성이 수반됩니다. 겸손한 사람은 다른 사람을 존중하고 용서하며 다른 사람을 자랑하거나 부러워하지 않습니다. 이러한 자질은 직장이나 교회, 가정에서 함께 일할 수 있는 기쁨을 주는 사람을 묘사합니다. 겸손한 사람은 '하늘의 별처럼 빛나기' 때문에 많은 경우 기회의 문이 열립니다. 겸손은 목적을 위한 수단이 아니라 예수님을 닮아가는 데 필수적인 부분입니다. 그리고 그것은 종종 지상에서의 보상을 가져다줍니다.

어떤 사람들은 겸손함에도 불구하고 인생에서 큰 어려움을 겪는다는 것도 분명합니다. 겸손한 사람들에게도 나쁜 일이 일어납니다. 제 친구들의 이름이 떠오릅니다. 그들은 신실하고 겸손한 그리스도인으로 인생에서 매우 힘난한 길을 걸어왔습니다. 고난의 원인은 불충실한 배우자, 치명적인 질병 또는 비극적인 사고일 수 있습니다. 그들은 일자리를 찾는 데 어려움을 겪거나 사역의 결실이 거의 없습니다. 왜 한 사람이 다른 사람보다 더 많은 문제에 부딪히는지 이해할 수는 없지만, 영원토록 길게 보면 하나님께서 우리가 한 일에 대해 보상해 주실 것이라는 확신을 가질 수 있습니다.

모든 그리스도인은 하나님의 축복을 받지만 어려움을 경험하기도 합니다. 어떤 사람들은 다른 사람들보다 더 큰 비극과 고난을 경험합니다. 히브리서 12장에 나오는 믿음의 영웅들의 목록은 겸손하다고 해서 항상 인정받는 것은 아니라는 진리를 증거합니다. 순교자들에게 겸손은 신앙 때문에 죽임을 당하는 결과로 이어졌습니다. 잠언은 우리에게 이렇게 말합니다. "겸손과 여호와를 경외함의 보상은 재물과 영광과 생명이니라"(잠 22:4) 현대와 역사 속에는 이에 대한 많은 예가 있습니다. 그러나 겸손한 사람들이 부자가 되지 못했거나 동료들로부터 명예를 얻지 못했거나 장수의 축복을 받지 못한 사례도 많이 찾아볼 수 있습니다. 돈보다 훨씬 더 가치 있는 다른 종류의 부도 있습니다. 질투하고 자랑하고 교만하지 않고 인내하고 요구하지 않는 겸손한 사랑을 실천하는 사람들에게는 부유한 관계가 찾아옵니다.

우리 안에 있는 겸손의 신성한 불꽃

역사 속에서 우리는 겸손한 사람들을 볼 수 있는데, 꼭 기독교인이 아니더라도 겸손한 사람들이 있습니다. 하나님은 모든 사람을 자신의 형상대로 만드셨습니다. 우리 모두는 겸손의 잠재력을 가지고 태어납니다. 우리 안에 있는 신성한 생명의 불꽃으로 인해 인간은 예수를 하나님으로 인정하기 전에 덕을 배울 수 있는 능력을 갖게 됩니다. 하나님께서는 옳은 일을 행하고자 하는 마음에 지혜를 아낌없이 부어주십니다.

많은 비기독교인들도 하나님이 심어주신 영원에 대한 갈망과 맞닿아 있기 때문에 덕스러운 삶을 추구합니다. 그들이 그렇게 할 수 있다면 하나님의 영으로 충만한 우리는 얼마나 더 할 수 있을까요? 하나님은 은혜에 인색하지 않으십니다. 은혜는 충분합니다. 겸손하게 성장하기 위해 필요한 것은 부드러운 마음과 경청하는 귀뿐입니다. 그분은 여러분과 함께, 여러분 안에, 여러분 주변에 계십니다. 그분은 당신이 그분의 영광과 겸손을 점점 더 많이 반영할 수 있도록 끊임없이 자신을 드러내실 준비가 되어 있습니다.

겸손은 문을 열어줍니다

겸손한 행동은 길을 만들고, 문을 열고, 인생의 성공으로 이어집니다. 아무도 오만한 속물을 고용하고 싶어하지 않기 때문입니다. 다른 사람의 안녕과 번영에 진정으로 관심이 있는 사람은 친구와 고객을 끌어들입니다. 고객을 진심으로 돕고자 하는 마음에서 비롯된 배려심과 친절함을 갖춘 사람이라면 사람들은 판매자의 제안에 귀를 기울일 가능성이 높습니다.

일상적인 환경에서 주변 사람들은 겸손함을 알아볼 수 있는 능력을 가지고 있습니다. 나이가 많든 적든, 종교가 있든 없든, 종교가 있든 없든, 사람들은 누군가 자신에게 진심으로 관심이 있을 때 이를 느낄 수 있습니다. 사람들은 열린 마음과 관대함을 느낄 것입니다.

다른 사람의 공로를 인정해야 할 때 인정해 주면 사람들은 이를 알아챕니다. 자신의 업적에 대해 자랑하지 않는다면 사람들은 눈여겨봅니다. 다른 사람의 조언을 무시하지 않고 재빨리 경청한다면 다른 사람들도 눈여겨볼 것입니다. 재능 있는 사람들로 둘러싸여 있고 그들이 그룹에 기여한 것을 축하한다면 사람들은 당신 주위에 있는 것을 좋아할 것입니다. 나보다 다른 사람을 더 중요하게 생각하면 다른 사람도 나로부터 존중받고 가치 있다고 느낄 것입니다.

세상은 사랑스럽고 겸손한 평범한 사람들에 의해 한 번에 한 대화씩 변화합니다. 하나님의 도움으로 할 수 있습니다.

12장
가장자리로 향하는 은혜

빈민가의 주교

저는 베르골리오(Bergoglia)라는 신부의 이야기를 좋아합니다. 그는 신학교에 입학하여 사제 서품을 공부하기 전에는 나이트클럽 경비원, 청소부, 화학 기술자, 문학 교사 등으로 일했습니다. 이 아르헨티나 신부는 특이했습니다. 밤이면 거리를 돌아다니며 부상자와 굶주린 사람들을 찾아다니는 데 많은 시간을 보냈습니다. 그는 그들이 음식과 쉼터, 치유를 찾을 수 있도록 도왔습니다.

부에노스아이레스의 가장 힘든 지역에서 그는 마약 중독과의 전쟁을 벌였으며, 값싸고 위험한 형태의 코카인인 '파코'에 대한 사람들의 속박을 없애기 위해 많은 회복 및 교육 프로그램을 설립했습니다. 그는 재활 센터인 '호가르 데 크리스토(Hogar de Cristo)'와 중독자들의 자립을 돕는 두 개의 농장을 설립하는 것을 감독했습니다. 중독자 출신들은 전기 기술자, 석공, 금속공이 되기 위한 견습 과정을 통해 새로운 직업 기술을 습득할 수 있는 기회를 얻었습니다.

사제, 교사, 행정가, 주교로 53년간 봉사한 베르골리오는 2013년 전 세계 로마 가톨릭 교회의 교황으로 선출되었습니다. 그는 각계각층, 모든 종교, 모든 국가의 사람들에게 사랑받고 있습니다. 그의 영향력으로 인해 많은 국가에서 가톨릭 교회 출석률이 급증했습니다. 그는 모든 사람의 필요를 충족시키는 데 초점을 맞춘 보다 포용적이고 개방적인 교회를 만든 것으로 유명합니다.

주교가 가톨릭 교황으로 선출되면 교황은 자신의 이름을 직접 선택합니다. 베르골리오는 아시시의 성 프란치스코(St. Francisco of Assisi)의 이름을 따서 프란치스코라는 이름을 선택했습니다. 성 프란치스코는 가난하고 병들고 약한 이들을 돌보는 것으로 유명합니다. 베르골리오는 수년간 가난한 사람들과 함께 일하면서 오늘날 바티칸에서 노숙자들을 초대해 식사를 나누고, 남녀 죄수들의 발을 씻겨주고, 우리 대부분이 만지기를 두려워하는 병들고 불구가 된 사람들을 끌어안는 교황의 모습을 갖추게 되었습니다.

프란치스코 교황은 여러모로 예수님을 닮았습니다. 교황은 가난한 사람들에 대해 연구하고 이야기하는 데 그치지 않고 그들과 함께 하기를 선택합니다. 교황은 "사회 문제와 관련하여 빈민가 지역의 마약 문제를 연구하기 위해 회의를 갖는 것과 그곳에 가서 그곳에 살면서 그 문제를 내부에서 이해하고 연구하는 것은 전혀 다른 문제입니다... 가난을 경험하지 않고 가난이 있는 곳과 직접 연결되지 않으면 가난에 대해 말할 수 없습니다..."

프란치스코 교황이 지도자들에게 자주 하는 말은 "양떼처럼 냄새를 맡으라"는 것입니다. 이 말은 "당신이 돌보는 사람들과 함께 시간을 보내라"라는 뜻으로, 사업이든 교회든 상관없습니다. 베르골리오는 오랫동안 마약 중독자들과 어울렸으며 교황이 된 후에도 이들과 함께 식사하는 것을 편안하게 여깁니다.

교황이 된 직후 프란치스코 교황은 대주교 중 한 명에게 자신이더 이상 할 수 없는 일을 계속하라고 명령했습니다. "책상 뒤에 앉아 양피지에 서명하는 일은 없을 것입니다." 교황은 대주교에게 말했습니다. "이제 나는 당신이 항상 사람들 사이에 있기를 원합니다. 부에노스아이레스에서는 저녁에 종종 가난한 사람들을 찾아 나섰습니다. 이제는 더 이상 그럴 수 없습니다. 바티칸을 떠나기가 어렵습니다. 교황께서 저를 위해 그렇게 해주실 것입니다."

낮은 자세 유지

프란치스코는 겸손한 길을 선택한 강력한 인물의 신선한 예입니다. 프란치스코 교황은 역대 가톨릭 교황들이 받았던 왕족 대우의 전통을 거부합니다. 교황은 대중 버스를 이용하고 소박한 아파트에 살면서도 식사 중 일부는 직접 준비합니다. 교황은 다른 사람들보다 높은 단상에 올라가는 것을 좋아하지 않습니다. 그는 원탁에 둘러앉아 일반 시민들과 토론하는 것을 좋아하며, 모든 종류의 문제에 대한 그들의 의견을 열심히 경청합니다.

그러나 프란치스코는 예리한 지성을 가지고 있고 현실에 맞서는 것을 두려워하지 않았습니다. 그는 가난한 사람들이 하나님을 예배하는 데 방해가 된다며 성전 구역의 환전상을 뒤엎었던 예수의 정신을 그대로 가지고 있습니다. 프란치스코 교황은 하나님의 마음에서 벗어난 종교 제도와 관행에 맞서고 있습니다.

교황은 저서 『하나님을 향한 큰 마음(The Big Heart for God)』에서

"저는 어머니이자 목자인 교회를 꿈꿉니다. 교회의 목회자는 자비롭고, 사람들을 책임지고, 이웃을 씻기고 깨끗하게 하고 일으켜 세우는 선한 사마리아인처럼 그들과 동행해야 합니다...." 프란치스코 교황의 행동과 가르침은 선한 사마리아인의 이야기를 반영합니다. 아는 것이 중요한 것이 아니라 실천하는 것이 중요합니다. 프란치스코 교황은 예수님의 모범을 따라 자신의 특권을 내려놓고 가난한 사람들을 돕는 것을 우선순위로 삼았습니다.

예수님의 겸손한 거처

"전달 매체가 곧 메시지다."라는 말이 있습니다. 예수님을 통해 아버지의 메시지는 바로 이것입니다. 아버지는 '작은 자'를 너무나도 아끼셔서 아들을 보내셨습니다. 예수님은 가난한 사람들을 돕는 데 편견을 갖고 계십니다. 이 주제는 구약과 신약 모두에 걸쳐 두드러지게 나타납니다. 겸손하게 태어나서 부끄러운 죽음을 맞이할 때까지 예수님은 저소득층 가정의 일원이었습니다. 예수님은 상처받고 약하고 병들고 가난한 사람들을 돕는 것을 최우선 과제로 삼으셨습니다. 그는 "건강한 사람은 의사가 필요 없지만 아픈 사람은 의사가 필요하다."고 말씀했습니다.

성육신하신 그리스도는 가난한 사람들을 돕기 위해 오셨을 뿐만 아니라 가난한 사람으로 오셨습니다. 그는 낙오자도 아니었지만 사회의 상류층에 속하지도 않았습니다. 우리 평범한 인간은 선재하신 우주적 그리스도가 취하신 이 거대한 하강 조치의 의미를 진정으로 파악할 수 없습니다. 메시아는 평범한 사람들을 위해 평범한 사람으로 오셨습니다.

예수님은 이름 없는 작은 마을 나사렛에서 자랐습니다. 누군가 예수님이 나사렛 출신이라고 말했을 때 사람들은 "나사렛! 그곳에서 좋은 게 나올 수 있겠어?" 나사렛은 가난한 사람들이 사는 불모지였습니다.

예수님의 부모는 아기 봉헌 예배에서 가장 저렴한 예물만 드릴 수 있었습니다. 그들은 "비둘기 한 쌍이나 어린 비둘기 두 마리"를 예물로 드렸는데, 그것이 그들이 감당할 수 있는 전부였기 때문입니다. 율법은 가난한 사람들도 이렇게 저렴한 예물을 드릴 수 있도록 허용했습니다. 예수님은 가난한 마을 출신이셨습니다. 요셉과 마리아는 '사생아'를 낳았다는 이유로 공동체의 따돌림을 받아 생계를 유지하기 위해 고군분투했을 가능성이 있습니다.

예수의 출생, 출신 가정, 경제적 지위, 명성 등 예수에 관한 모든 것이 겸손했습니다. 예수님은 금빛 마차를 타고 현장에 나타나지 않았습니다. 그는 평범한 농부였습니다. 그는 보통 자신을 약함과 연약함을 강조하는 인간을 의미하는 '사람의 아들'이라고 불렀습니다.

공생애 동안 우리는 예수님이 음식이 부족한 모습을 본 적이 없습니다. 예수님에게는 그를 돌보는 지지자들이 있었습니다. 하지만 예수님은 저택이나 개인 산장에서 호화로운 삶을 살지 않으셨습니다. 예수님에게는 자기 집이 없었습니다. 그는 땅바닥에서 빌린 간이침대에서 잠을 잤습니다. 그는 평범한 사람처럼 생겼고 평범한 옷을 입었습니다.

그는 잘생기지 않았습니다. 사람들이 기대하는 메시아처럼 보이지도 않았습니다.

히브리어로 '여호수아'라는 이름은 오늘날의 '존'이나 '짐'처럼 매우 평범한 이름이었습니다. 여호수아는 혼외 자식으로 태어났기 때문에 어떤 사람들은 그를 '사생아'라고 불렀을 것입니다. 그의 조상은 나쁜 일을 저지른 사람들로 가득했습니다. 라합은 매춘부였고, 야곱은 사기꾼이었으며, 다윗은 간음과 살인자였습니다. 예수님이 병자를 고치기 시작하기 전에는 동네에서 그의 지위는 그리 인상적이지 않았습니다. 대부분의 면에서 예수님은 그 지역사회에서 평범한 사람이었습니다. 이 모든 것 때문에 평범한 사람들은 예수와 자신을 동일시할 수 있었습니다. 예수님은 만질 수 있고, 이용할 수 있고, 연약했습니다.

예수님의 가장 중요한 사명

예수님은 광야에서 시험을 받으신 후 '성령의 능력'으로 갈릴리로 돌아오셨습니다. 즉시 예수님에 대한 소식이 시골 전역에 퍼졌습니다. 오늘날에는 '성령의 능력으로'라는 말을 들으면 보통 하나님이 설교자를 통해 말씀하시고 어떤 사람을 고치시는 교회 집회와 연결됩니다. 예수님은 거리로 나가 가난한 사람들이 다시 일어설 수 있도록 돕는 것을 우선시하며 권능을 사용하셨습니다.

예수님은 공적 사역을 시작한 첫 안식일에는 회당에서 연설하셨습니다. 운동의 지도자가 처음으로 공개적으로 목적을 밝힐 때, 그는 자신이 누구이며 무엇을 지향하는지를 가장 명확하게 보여주고 싶어 합니다. 이날 회당에서 예수님은 자신의 최우선 순위가 무엇인지 분명히 하셨습니다. 그는 이사야 61장의 사명 선언문을 읽었습니다. "주 여호와의 영이 내게 내리셨으니 이는 여호와께서 내게 기름을 부으사 가난한 자에게 아름다운 소식을 전하게 하려 하심이라 나를 보내사 마음이 상한 자를 고치며 포로된 자에게 자유를, 갇힌 자에게 놓임을 선포하며"(사 61:1)라고 말했습니다.

바울은 예수님이 "부요하신 분이지만 여러분을 위하여 가난하게 되셨으니 이는 그의 가난함을 통하여 여러분으로 하여금 부요하게 하려 하심이라"고 상기시켜 줍니다.

세례 요한은 감옥에 갇혀 있을 때 예수를 '하나님의 어린양'으로 지목한 자신의 판단이 옳았는지 고민하다가 예수에게 '그분'이 맞는지 묻는 메시지를 보냈습니다. 예수님은 "주의 성령이 내게 임하셨으니 이는 가난한 자에게 복음을 전하게 하시려고 내게 기름을 부으시고 나를 보내사 포로 된 자에게 자유를, 눈 먼 자에게 다시 보게 함을 전파하며 눌린 자를 자유롭게 하고"(눅 4:18)라고 대답하셨습니다. 예수님은 요한에게 "내가 바로 그 사람이라는 증거가 여기 있다"고 말씀하셨습니다. 병든 자들과 가난한 자들이 도움을 받고 구출되는 것이 바로 하나님 나라의 모습입니다.

예수님은 거꾸로 된 왕국, 즉 큰 상사가 궂은 일을 하는 왕국을 보여주셨습니다. 그가 마지막으로 생각하는 사람은 바로 자신입니다. 그는 항상 가장 가까운 친구들이 메시아가 할 것으로 기대하는 것과 정반대의 일을 함으로써 충격을 줍니다. 엄청난 양의 공짜 음식을 나눠주고. 사마리아인이라는 멸시받는 종교 종파의 여자와 어울립니다.

이렇게 하면 살 수 있습니다

선한 사마리아인의 이야기에서 율법 전문가는 잘못된 동기를 가지고 예수님을 찾아왔습니다. 그는 하나님과 이웃을 사랑하는 것이 가장 중요한 일이라는 것을 알고 있었습니다. 그러나 그의 '이웃'에 대한 정의는 매우 협소했습니다. 그는 이웃에 사는 사람들을 돕는 것은 괜찮다고 생각했지만, 비천한 사마리아인을 돕는다는 생각은 그에게 거부감이 들었습니다. 예수님의 이야기에서 사마리아인은 절실히 도움이 필요한 사람을 돕기 위해 무언가를 했기 때문에 영웅입니다. 예수님은 성경 전문가에게 "이것을 행하라 그리하면 살리라"고 말씀하십니다.

예수님의 이 말씀은 "남을 위해 살지 않는 삶은 삶이 아니다"라는 마더 테레사의 명언을 떠올리게 합니다. 와, 예수님의 말씀을 이렇게 잘 표현할 수 있네요. 나만을 위해, 나만의 필요에만 집중하며 살면 삶은 시들고 쪼그라들 것입니다. 자신의 삶을 찾는 길은 자신의 삶을 내어주는 것입니다.

이를 우리 삶에 어떻게 적용할 수 있을까요? 첫째, 세상의 수백만 가지 욕망에 압도되지 마십시오. 여러분이 제 2의 마더 테레사가 될 필요는 없습니다. 하지만 테레사 수녀의 현명한 조언에 귀를 기울이십시오. "사랑이 진정성을 갖기 위해 특별해야 한다고 생각하지 마세요. 우리에게 필요한 것은 지치지 않고 사랑하는 것입니다. 작은 일에 충실하세요. 왜냐하면 작은 일에 당신의 힘이 있기 때문입니다… 우리 모두가 위대한 일을 할 수 있는 것은 아닙니다. 하지만 우리는 큰 사랑으로 작은 일을 할 수 있습니다."

영웅이 되는 것이 아니라 하루하루 충실하게 한 걸음 한 걸음 나아가는 것이 중요합니다. 프란치스코 교황은 "우리가 진정으로 겸손한 태도를 기를 수 있다면 세상을 바꿀 수 있습니다."라고 말했습니다. 교황은 수백만 명에게 영향을 미치지만 매우 독특한 위치에 있습니다.

테레사 수녀의 말은 매우 실용적입니다. "백 명을 먹일 수 없다면 한 명만 먹이십시오. 숫자에 연연하지 마세요. 한 번에 한 사람씩 돕고 항상 가장 가까운 사람부터 시작하세요."

누구나 공유 가능

2023년 현재 LA 다저스 야구선수인 무키 베츠(Mookie Betts)는 주변의 굶주린 사람들을 먹여 살린 사람 중 한 명입니다. 무키는 지난 2018년 아메리칸리그 야구 타격 챔피언이었습니다. 10월 24일, 월드시리즈 2차전에서 수백만 명의 사람들이 무키와 그의 팀이 승리하는 모습을 지켜보았습니다. 경기가 끝나고 몇 시간 후인 새벽 1시경, 무키는 사촌과 함께 비밀리에 자비를 베푸는 심부름을 떠났습니다.

얼굴 대부분을 가리는 후드티를 입은 두 사람은 보스턴의 공공 도서관 주변에 모여 있는 추운 노숙자들에게 수십 개의 음식 쟁반을 가져다주었습니다. 무키는 누군가가 자신을 알아본 것을 알아차리고는 사진을 찍기 전에 조용히 자리를 떠났습니다. 무키는 하나님이 주신 시간과 자원으로 자신이 할 수 있는 일을 했을 뿐입니다. 그는 사진을 찍기 위해서가 아니라 옳은 일이기 때문에 그렇게 한 것입니다.

예수님의 마음은 '목자 없는 양들'에 대한 연민으로 불탔습니다. 버림받은 사람들과 가난한 사람들은 그가 진정으로 그들을 걱정하고 있다는 것을 알았습니다. 예수님은 가난한 과부의 작은 예물이 "다른 모든 것보다 더 많다."고 말씀하시며 그 과부를 존중하셨습니다. 예수님은 가난한 사람들을 저녁 식사에 초대하고 우리가 가진 것들을 그들과 나누기 위해 희생하라고 가르치셨습니다. 사회의 변두리에서 고통받는 사람들을 향한 하나님의 긍휼의 마음을 더 많이 달라고 기도하십시오. 만질 수 있고, 이용할 수 있고, 취약한 사람이 되기 바랍니다. 어려움을 겪는 사람들, 출신 성분 때문에 자원이 거의 또는 전혀 없는 사람들에게 친절하게 대하십시오.

겸손을 배운다는 것은 예수님을 바라보고 그분이 하신 일을 행하는 것입니다. 그분의 마음을 사로잡아 배경에 관계없이 누구와도 기꺼이 대화하고 돕게 됩니다. 성령의 음성에 귀를 기울이십시오. 성령님은 여러분의 고유한 관계, 자원, 창의력을 사용하여 주변 사람을 돕는 방법을 보여주실 것입니다.

12장 가상자리로 향하는 은혜

13장
당신이 그렇게 말하다니 믿을 수 없습니다

> "허물을 덮어 주는 자는 사랑을 구하는 자요 그것을 거듭 말
> 하는 자는 친한 벗을 이간하는 자니라"(잠언 17:9)

  선의의 사람들이 가끔 충격적이고 모욕적인 말을 합니다. 종종 그들은 우리에게 상처를 준다는 사실을 깨닫지 못합니다. 우리 모두에게는 사각지대가 있습니다. 때때로 우리는 말 한마디가 심장을 찌르는 단검과 같다는 사실을 깨닫지 못합니다. 무신경하고 자기중심적인 사람들만이 우리를 불쾌하게 하는 것은 아닙니다. 우리가 사랑하고 존경하는 배려심 깊은 사람들에게서도 모욕감을 느낄 수 있습니다. 모욕적인 말을 들을 때면 해리 포터 영화의 대사를 빌리고 싶은 유혹에 빠지게 됩니다. "다시 한번, 무딘 도끼의 모든 예민함을 보여주네요."

  누군가 여러분의 외모를 모욕한 적이 있나요? 당신의 능력을 모욕한 적이 있나요? 누군가가 가족 중 한 명, 어쩌면 자녀 중 한 명을 모욕한 적이 있나요? 때때로 상대방이 자신의 발언이 얼마나 부적절한지 전혀 몰랐다는 것을 알 수 있었나요? "네가 그런 말을 하다니 믿을 수 없어!"라고 말하고 싶은 기분이 드나요? 기분이 좋지 않고, 화가 나기도 합니다. 이런 종류의 댓글을 받았을 때 여러분에게는 선택권이 있습니다. 여러분은 결정의 끝에 서게 됩니다. 상대방의 뺨을 때리고 싶지만 그러면 안 된다는 것을 알고 있습니다. '눈에는 눈'으로 보복할

수도 있고, 잠시 멈춰서 화를 식힐 수도 있습니다. 그 순간에 주님이 우리와 함께 하셔서 무슨 말을 해야 할지 고민할 수 있도록 도와주신다는 사실에 감사합니다.

모욕에 대한 링컨의 겸손한 반응

미국 초대 대통령 중 한 명인 아브라함 링컨의 삶에서 모욕에 직면한 겸손의 놀라운 예가 있습니다. 링컨은 이기적인 정치인이 아니었습니다. 그는 진정으로 국민을 위한 봉사자였습니다. 그는 미국 남부의 모든 노예를 해방하는 데 전념했습니다. 이로 인해 남북전쟁이 발발했습니다. 링컨은 60만 명이 넘는 군인의 목숨을 앗아간 이 끔찍한 전쟁을 치르는 동안 국가를 관리하는 막중한 임무를 맡았습니다.

링컨은 가능한 한 빨리 전쟁을 끝내기 위해 오만한 군 장성들과 함께 일해야 했습니다. 링컨은 이러한 장군들의 군사적 능력을 존중했지만 때로는 서로 의견이 맞지 않을 때도 있었습니다.

링컨은 에드윈 스탠튼(Edwin Stanton)을 전쟁 장관으로 임명했습니다. 링컨은 스탠튼이 자신을 극도로 적대시했음에도 불구하고 그를 임명했습니다. "스탠턴은 링컨을 '저열하고 교활한 광대', '고릴라', '고통스러운 무능함을 가진 사람'이라고 부르며 그를 싫어했습니다." 링컨을 모욕한 스탠튼의 끔찍한 과거 때문에 링컨은 자신이 그렇게 모욕했던 사람이 정부에서 권위 있는 자리를 제안했을 때 믿을 수 없었습니다.

어느 날 링컨은 스탠튼에게 계속되는 남북전쟁에서 어떤 행동을 취해야 할지 제안하는 쪽지를 보냈습니다. 스탠튼의 반응은 "링컨은 바보야!"라는 말뿐이었습니다. 링컨은 이런 오만한 반응을 예상했지만, 그의 반응은 놀랍도록 겸손했습니다. 그는 스탠튼의 답장을 가져온 전령에게 "스탠튼이 나를 바보라고 했다면 내가 바보임에 틀림없습니다. 왜냐하면 그는 거의 항상 옳고 일반적으로 그가 의미하는 바를 말하기 때문입니다. 제가 가서 그를 만나보겠습니다."

이것은 미국 대통령이 자신의 최고 보좌관 중 한 명으로부터 '바보'라고 불린 것에 대한 반응이었습니다! 그는 스탠튼을 즉시 해고하는 것이 정당했을 것입니다. 하지만 그는 스탠튼에게 "넌 해고야"라는 방아쇠를 당기지 않았습니다. 그는 그것이 국가를 위한 최선의 선택이 아니라는 것을 알고 있었습니다. 링컨은 스탠튼의 무례한 행동에도 불구하고 그가 유능한 지도자라는 것을 알고 있었습니다. 링컨은 성질에 휘둘리지 않았습니다. 그는 스탠튼을 자신의 사무실로 소환하는 화난 메모를 보내지 않았습니다. 대신 그는 겸손한 길을 택하여 스탠튼의 사무실로 걸어가 이야기를 나누었습니다.

또 다른 장군 조지 맥클렐런(George B. McCellan)도 링컨 대통령을 똑같이 나쁘게 대했습니다. 맥클렐런의 링컨에 대한 대우는 너무 심해서 신문에 보도될 정도였습니다. 그러나 링컨은 "맥클레런이 우리에게 성공만 가져다준다면 맥클레런의 말을 타겠다"며 학대를 참아냈습니다. 링컨은 자신이나 자신의 감정, 장군들에 대한 자신의 지위를 생각하지 않았습니다. 그는 인명 손실을 최소화하여 젊은 병사들의 목숨을 구할 생각뿐이었습니다. 그는 국가를 위해 이기적인 자존심과 자아를 비운 것입니다.

링컨의 겸손한 태도는 오늘날 강력한 지위에 있는 일부 사람들과는 확연히 다릅니다. 우리는 종종 불복종하는 직원이 상사에게 '해고'되는 이야기를 듣곤 합니다. 링컨은 이런 종류의 결정을 내리는 데 매우 느렸습니다. 그는 끊임없이 짜증을 유발하는 사람이라도 국가에 도움이 되는 귀중한 기술을 가지고 있다면 기꺼이 함께 일했습니다.

겸손은 권력을 가지고 있으면서도 적절한 시기와 기회가 있을 때까지 사용하지 않는 것입니다. "강력한 것보다 인내하는 것이 낫고, 도시를 정복하는 것보다 자제력을 갖는 것이 낫다." 아브라함 링컨은 다른 사람들을 위해 학대를 견디고 보복할 권리를 포기했습니다. 그는 전 세계에서 가장 강력한 지위를 누렸지만 고통받는 병사들과 국가를 위해 자신의 권력을 내려놓았습니다. 링컨은 "거의 모든 사람이 역경을 견딜 수 있지만, 한 사람의 인격을 시험하고 싶다면 그에게 권력을 주라"고 말했습니다. 링컨은 겸손한 자제력으로 권력을 사용한 확고한 본보기입니다.

링컨의 예는 겸손의 또 다른 자매인 자비를 보여줍니다. 자비를 많이 받았다는 것을 알면 기꺼이 자비를 베풀 수 있습니다. 링컨은 모든 계급, 사회적 지위, 피부색, 신념을 가진 사람들에게 놀라울 정도로 자비를 베풀었습니다. 그는 전쟁에서 가장 낮은 계급의 병사들을 개인적으로 도왔고, 호화로운 군 장군들에게도 과분한 친절을 베풀었습니다.

빅토리아 시대의 저명한 영국 사회 사상가이자 자선가인 존 러스킨

(John Ruskin)은 이렇게 말했습니다. "위대한 사람의 첫 번째 시험은 겸손이라고 믿습니다. 겸손이란 자신의 힘에 대한 의심을 의미하는 것이 아닙니다. 그러나 정말 위대한 사람들은 위대함이 자신에게서 나오는 것이 아니라 자신을 통해 나온다는 생각을 가지고 있습니다. 그리고 그들은 다른 모든 사람에게서 특별한 무언가를 보고 끝없이, 미련하지만 자비로운 마음을 가집니다."

모욕은 성장의 기회입니다

누군가 저를 모욕할 때 성령의 인도하심을 받고 있다면 보통 그냥 웃어넘깁니다. 보통은 싸우는 말 외에는 아무것도 생각나지 않습니다. 그래서 저는 어머니가 가르쳐 주신 말씀을 실천하려고 노력합니다. "좋은 말이 생각나지 않으면 아예 아무 말도 하지 마라."

가끔은 화가 나서 말을 엉망으로 하고 화를 내기도 합니다. 방어적인 말을 내뱉고 나면 나중에 항상 입을 다물고 있었으면 좋았을 걸 후회합니다. 조만간 저는 사과를 해야 합니다. 그럴 때마다 세계 역사상 가장 부당하게 모욕과 학대를 당하신 예수님을 생각하게 됩니다. 가장 낮은 자를 사랑하고, 굶주린 자를 먹이고, 병든 자를 고치고, 겸손하게 친구들을 섬기셨던 완벽한 하나님의 아들. 그는 진실을 말했기 때문에 조롱과 구타를 당하고 침을 뱉고 십자가에 못 박혔습니다.

제가 받았던 어떤 학대도 예수님께 가해진 폭력에 비하면 아무것도 아닙니다. 그는 그럴 자격이 없었습니다. 우리 모두에게는 마땅치 않은 나쁜 일이 일어납니다. 선한 사람에게도 나쁜 일이 일어납니다. 우리는 어떻게 반응해야 할까요? 턱을 치켜들고 주먹을 뻗을까요, 아니면 온유하게 대응할까요?

우리는 거꾸로 된 하나님의 나라에 속해 있습니다. 이 왕국의 왕은 "온유한 자는 복이 있나니 그들이 땅을 기업으로 받을 것임이요"라고 말씀하셨습니다. 온유함의 한 가지 정의는 '주인을 따르도록 훈련받은 힘센 종마 같은 존재'라는 것입니다. 우리는 압도할 수 있는 힘을 가지고 있지만, 주인에게 복종하면서 겸손하게 자신을 낮추고 지시를 기다립니다. 예수님은 우리가 이 길을 걷는다면 인생에서 정말 잘할 것이며, 땅을 상속받을 것이라고 말씀하셨습니다.

어쩌면 하나님께서는 우리에게 용서를 실천할 기회를 주시기 위해 사람들의 입에서 모욕적인 말이 화살처럼 우리 영혼을 향해 날아오는 것을 허락하신 것일지도 모릅니다. 테레사 수녀는 이렇게 말했습니다. "우리가 겸손을 실천할 수 있는 몇 가지 방법이 있습니다. 다른 사람의 실수를 넘어서는 것입니다. 모욕과 상처를 받아들이는 것. 무시당하고, 잊혀지고, 싫어하는 것을 받아들이는 것. 도발에도 친절하고 상냥하게 대하는 것입니다."

과민 반응 극복하기

모욕을 당하는 것은 또한 우리가 지나치게 예민한 것은 아닌지 돌아볼 수 있는 기회를 제공합니다. 어쩌면 그 말이 모욕처럼 느껴지는 것은 우리 영혼에 치유가 필요한 상처가 있기 때문일 수도 있습니다. 학대를 당할 때 우리는 우리를 향한 아버지의 사랑 속으로 들어가 그곳에서 위로와 치유를 얻습니다. 그곳에서는 그 어떤 것도 우리를 건드릴 수 없습니다.

테레사 수녀는 "겸손하면 칭찬이나 모욕, 그 어떤 것도 당신을 건드릴 수 없다."라고 말했습니다. 모욕을 당하면 우리는 변하지 않는 하나님의 반석 같은 사랑으로 돌아갑니다.

상처 주는 말을 마음속 깊이 새겨두면, 우리는 공격자에게 개인적으로 반박하고 반격하는 모습을 발견할 수 있습니다. 너무 화가 나서 한밤중에 잠에서 깨어나 반격을 계획하게 될 수도 있습니다.

바로 그때 우리는 그 사람을 놓아주고 용서하며 하나님의 축복을 구해야 할 때라는 것을 알게 됩니다. 감옥에 가고 싶으신가요? 예수님은 용서하지 않으면 그렇게 될 것이라고 말씀하셨습니다. 용서하기를 거부하면 고통의 지하 감옥에 던져질 것입니다. 이것이 예수님의 말씀입니다. 아닙니다. 당신에게 상처를 준 그 사람은 용서받을 자격이 없지만, 당신도 역시 용서받을 자격이 없습니다. 용서하지 않으면 상처받는 것은 바로 당신입니다. 넬슨 만델라(Nelson Mandela)는 "원한은 독을 마시고 그 독이 적을 죽이기를 바라는 것과 같다"고 말했습니다.

예수님은 우리가 결코 갚을 수 없는 빚을 용서해 주셨고, 우리에게 다른 사람들을 위해 똑같이 하라고 하십니다. 그분은 우리가 용서할 수 있게 하십니다. 때때로 우리는 "사라를 용서합니다"라고 기도하면서도 사랑이 조금도 느껴지지 않을 수 있습니다. 괜찮습니다. 간신히 말을 꺼낼 수 있더라도 그 기도를 드리는 것만으로도 좋은 시작입니다. 용서한다는 것은 자신을 낮추는 것입니다. "당신이 벌을 받아 마땅하다고 생각하더라도 보복하지 않겠습니다. 내 힘을 이용해 당신을 무너뜨리지 않겠습니다."라고 말하는 것입니다.

악을 악으로 갚지 않기

고대 근동에서는 범죄에 상응하는 복수나 보복을 하는 것이 합법적이었습니다. '눈에는 눈, 이에는 이'라는 말이 있습니다.

누군가에게 빼앗긴 것을 대신하기 위해 동등한 가치를 지닌 무언가를 빼앗을 수 있습니다. 하지만 예수님은 법이 허용하더라도 그렇게 하지 말라고 말씀하십니다. 그렇게 하면 그 사람과의 관계가 파괴될 수 있습니다. 갚아야 한다고 고집하지 마십시오. 대신 기꺼이 잘못을 당하는 고통을 감수하십시오. 힘을 내려 놓으시기 바랍니다.

연약함

예수님은 자신을 완전히 연약하게 만드셨습니다. 우리는 그분의 연약함의 모범을 따를 만큼 그분을 신뢰할 수 있을까요? 사회학자 브레네 브라운(Brene Brown)은 "연약함은 사랑, 소속감, 기쁨, 용기, 공감, 창의성의 발상지입니다. 연약함은 희망, 공감, 책임감, 진정성의 원천입니다. 우리의 목적이 더 명확해지거나 더 깊고 의미 있는 영적 삶을 원한다면 연약함이 그 길입니다."

연약함은 진정한 관계로 가는 길입니다. 우리는 연약하지 않으면 사랑할 수도 사랑받을 수도 없습니다. 우리가 연약하지 않으면 친한 친구 모임에 속할 수 없습니다. 연약성을 통해 관계를 맺지 않는다면 우리는 우리가 만들어낸 모든 것이 될 수 없습니다. 사람들은 우리가 우리의 힘을 내려놓는 것을 보면 우리를 신뢰할 수 있습니다. 하나님은 우리의 연약함 속에서 우리를 만나십니다. 그분은 통회하고 겸손한 자들과 함께 거하십니다. 겸손한 자에게 가까이 다가오시고 교만한 자를 대적하십니다.

링컨이 한 것처럼 하십시오

그룹 전체의 이익을 위해 자존심을 내려놓을 것인가? 링컨에게는 의심의 여지가 없었습니다. 그는 전쟁으로 폐허가 된 조국을 치유할 수만 있다면 어떤 모욕도 기꺼이 감수했습니다.

여러분은 평화를 위해 자신의 의견, 선호도, 주장을 기꺼이 내려놓을 의향이 있나요? 배우자, 자녀 또는 동료와 의미 있는 관계를 원한다면 자신을 취약하게 만들어야 합니다. 마음을 열고, 가르칠 수 있어야 하며, 주변 모든 사람의 말을 경청하고 배울 준비가 되어 있어야 합니다.

이것이 제가 결혼 40여 년 동안 해온 일이고 지금도 계속 노력해야 하는 일입니다. 린다(Linda)와 저는 자기중심적인 태도에 사로잡히지 않았기 때문에 결혼 생활이 튼튼합니다. 관계가 깨지는 것은 우리에게 선택 사항이 아니기 때문에 서로에게 겸손합니다.

권위를 가진 위치에서는 비판하기 쉽습니다. 상대방의 잘못에 대한 우리의 관찰은 사실일 수 있지만, 그것을 상대방에게 말하는 것은 도움이 되지 않을 수 있습니다. 권력은 힘을 키우거나 무너뜨리는 데 사용될 수 있습니다. 말은 쌓을 수도 있고 무너뜨릴 수도 있습니다. 부주의한 말로 우정에 불을 지르지 마십시오.

링컨은 자기희생적인 겸손으로 나라를 구했습니다. 여러분도 겸손의 길을 택함으로써 결혼 생활, 가족, 교회 또는 사업을 구할 수 있는 기회를 얻을 수 있을 것입니다.

사랑에 굴복하십시오. 하나님은 사랑이시며, 그분은 여러분 안에 계십니다. 그분의 사랑에 항복하면 결국 그분의 사랑에 대한 인식으로 가득 차게 될 것입니다. 그러면 자존심을 내려놓는 것이 그리 어렵지 않게 됩니다.

나는 그 흰색 배경이 싫습니다

> "…그분이 우리 마음속에 보좌하시는 곳에는 그분의 겸손과 온유함이 우리 안에서 흘러나오는 생수의 강이 될 것입니다."
>
> 앤드류 머레이(Andrew Murray)

> "젊은 자들아 이와 같이 장로들에게 순종하고 다 서로 겸손으로 허리를 동이라 하나님은 교만한 자를 대적하시되 겸손한 자들에게는 은혜를 주시느니라" (베드로전서 5:5)

몇 년 전 여름, 저희는 집 벽에 새 페인트를 칠했습니다. 몇 가지 다른 흰색 음영의 작은 샘플을 테스트하고 색상을 결정했습니다. 페인트 가게를 몇 번 방문하고 몇 가지 실험과 토론을 거친 후 복도에 첫 번째 페인트를 칠하고 잘랐습니다.

아내는 "난 그 흰색이 마음에 들지 않아"라고 말했습니다. 그 순간 저는 분노와 좌절감이 끓어오르면서 "흠, 이쯤에서 잠자코 있어야 하나, 아니면 그냥 아내가 원하는 대로 내버려 둬야 하나?"라고 혼자 생각했습니다. 불만이 가득한 토론 끝에 저는 현명한 선택을 내리고 그녀가 새로운 다른 흰색 바탕을 선택하도록 내버려 두었습니다.

페인트 색상을 놓고 다투는 이 예는 우스꽝스러워 보일 수 있습니다. 하지만 이런 평범한 상황에서도 겸손이 큰 차이를 만들어낼 수 있습니다. "진정으로 우리의 겸손은... 우리가 가지고 다니며 일상적인 행동에서 실천하는 겸손입니다." 일상의 사소한 일들은 우리를 사로잡는 정신이 무엇인지 증명하기 때문에 영원의 시험이 됩니다.

결혼 생활과 모든 관계에서 상대방이 원하는 대로 내버려 두는 것이 올바른 선택일 때가 많습니다. 결국, 벽의 흰색 바탕이 얼마나 큰 문제일까요? 우리 집에서는 이를 '제 1세계 문제'라고 부릅니다. 다른 많은 나라에서는 새 페인트는커녕 집 한 채 살 돈도 없는 사람들이 많습니다. 직장에서는 매주 수백 가지의 결정을 내려야 합니다. 한 사람은 A 방법을 선택하고, 다른 사람은 B 방법을 선호합니다. 평화를 유지하기 위해 우리는 종종 다른 사람의 선호를 양보해야 합니다.

저는 환상적인 아내와 아주 좋은 결혼 생활을 하고 있습니다. 그리고 우리는 거의 매일 어떤 부분에 있어서 동의하지 않습니다. 린다와 저는 결혼한 지 40년이 되었습니다. 린다는 똑똑하고 열심히 일하며 재미있고 매력적이며 우리 아이들에게 헌신적인 상담사입니다. 그녀는 항상 새로운 것을 배우고 영양에서 교육, 비즈니스, 조산에 이르기까지 모든 것에 관한 새로운 책을 섭렵하고 있습니다.

그녀는 조산사로 일하면서 엄마와 아기를 돌보고 매달 새로운 출산을 감독합니다. 우리 아이들의 학창 시절 대부분 동안 그녀는 홈스쿨 교사였습니다. 그녀가 매우 유능하다는 것을 알 수 있습니다. 그녀는 또한 많은 것에 대해 매우 강한 의견을 가지고 있습니다. 어떤 문제에 대해 토론할 때 그녀는 결코 강요하지 않습니다.

제 의견에 동의하지 않는 것은 그녀의 권리입니다. 우리는 서로 존중하며 공정하게 논쟁하는 방법을 배웠습니다. 즉, 화를 내지 않고 진정으로 생각하는 바를 말하고 상대방의 관점을 이해하려고 노력합니다. 대부분의 경우 우리는 '공정'의 테두리 안에 머물러 있습니다. 때때로 논쟁이 확대되고 과열되기도 합니다. 하지만 우리는 서로를 존중하고 쓴소리가 뿌리를 내리지 않도록 하는 기술을 잘 배웠습니다. 그 과정에서 불쾌한 대화가 오가더라도 원한을 품지 않습니다.

린다를 위해 제 삶을 내려놓는다는 것은 '내 방식'을 고집하지 않는다는 뜻입니다. 이것이 겸손의 한 표현입니다. 우리는 다른 선택이 치명적일 수 있다는 것을 알기에 서로를 용서합니다. 저는 그리스도께서 교회를 섬기시듯 린다를 섬길 수 있는 기회를 얻었습니다. 예수님은 어떻게 하셨나요? 신부를 위해 죽으셨습니다. 우리가 해야 할 일에 대한 놀라운 묘사입니다. 제 일은 그녀를 섬기는 것입니다. 결혼 생활이든, 교회 생활이든, 시장 생활이든 갈등은 삶의 일부입니다. 아내는 매우 관대하고 사랑스러운 아내입니다. 우리 둘 다 인간이기 때문에 의견이 다를 수 있습니다. 그래서 저는 아내를 저보다 더 소중히 여기려고 노력합니다. 때로는 제 관점이 정당하다고 생각하더라도 아내가 논쟁에서 이기도록 내버려 두기도 합니다.

우리는 예수님의 말씀을 액면 그대로 받아들일까요? 예수님의 말씀은 매우 단순하고 직접적이지만 항상 실천하기 쉬운 것은 아닙니다. "남에게 대접을 받고자 하는 대로 남을 대접하라." 나는 어떤 대접을 받고 싶나요? 당연히 섬김과 존경을 받고 싶습니다. 음, 우리는 이 문제에서 벗어날 수 없을 것 같습니다. 사실 저는 다른 사람의 필요를 제 필요보다 우선시해야 합니다. 좋은 소식은 성령과 겸손하신 왕의 마음이 우리 안에 살아 있다는 것입니다. 그냥 그분의 길을 가십시오. 목숨을 잃으면 찾을 수 있습니다.

우리의 임무는 온유하고 겸손하신 왕이신 예수님을 본받는 것입니다. 그분은 우리에게 무엇을 해야 하는지 알려주셨을 뿐 아니라, 모범을 보이셨습니다. 모든 세상을 만드신 예수님이 '겸손하고 온유한 마음'을 가지셨다는 사실이 놀랍지 않나요? 전능하신 하나님이 겸손하고 온유하시다는 것은 참으로 신비로운 일입니다.

하나님의 성품은 다면적입니다. 성경 저자들이 하나님을 묘사하는 한 가지 방법은 동물의 은유를 이용하는 것이었습니다. 하나님은 유다의 사자로 묘사됩니다. 그러나 또한 어린 양과 비둘기로 묘사되기도 합니다. 이 두 동물은 하나님의 가장 온화한 피조물입니다. 어린 양 예수님은 우리를 위해 죽음을 겪으셨고, 성령은 예수님이 세례를 받으실 때 비둘기 모양으로 예수님 위에 내려오셨습니다. "어린 양은 온유와 복종을 말하고 비둘기는 평화를 말합니다."

바울은 디도에게 "아무도 비방하지 말며 다투지 말며 관용하며 범사에 온유함을 모든 사람에게 나타낼 것을 기억하게 하라"(딛 3:2)고 편지를 씁니다. 저는 성격이 급한 것을 극복하기 위해 열심히 노력해야 했습니다. 자녀가 여덟 명이라 배울 기회가 많았습니다. 아이들이 가득한 집에서 저는 종종 좌절감을 느꼈습니다. 아이가 잘못을 저질렀을 때 부드럽게 말해주는 대신 명령하고 싶은 유혹이 들기도 했습니다. 제 힘을 내려놓고 목소리와 감정의 강도를 낮춰야 했습니다. 실수도 많이 했고 천천히 더 부드럽게 말하는 법을 배웠습니다.

부모로서 우리는 자녀에 대해 강력한 지위를 가지고 있습니다. 남편으로서, 아버지로서, 교회 지도자로서 분노를 폭발시키면 올바른 관계를 맺을 수 없습니다. 그래서 저는 예수님을 기억하고 제 힘을 내려놓습니다. 여러분에게는 배우자나 자녀가 없을 수도 있습니다. 하지만 사무실 건물이나 직장에 어려운 동료가 몇 명 있을 수 있습니다. 배우자나 부모에게 적용되는 것과 동일한 관계 원칙이 여러분에게도 적용됩니다. 직장에서는 부드럽게 요점을 전달할 수 있을 것입니다. 상사처럼 굴거나 강요하지 않고도 자신의 권위를 사용할 수 있습니다.

사람들은 동의하지 않습니다

사람들이 모인 자리에는 올바른 방법에 대한 다양한 의견이 있을 것입니다. 벽을 어떤 색으로 칠할지부터 교회에서 어떤 노래를 부를지까지 모든 주제에 대해 의견이 다를 수 있습니다. 교회 역사를 통해 사람들은 상상할 수 있는 모든 교리적인 문제를 놓고 싸웠습니다. 이것이 오늘날 전 세계에 35,000개가 넘는 다양한 교회 교파가 존재하는 주된 이유 중 하나입니다.

자신만의 생각을 갖는 것은 인간의 본능입니다. 초대 교회에서 사람들은 함께 일하는 데 어려움을 겪었습니다. 오늘날에도 마찬가지입니다. 바울은 자신이 목회하는 교회 회중에게 보낸 대부분의 편지에서 사람들이 서로 잘 지내고, 논쟁을 해결하고, 서로를 용서하도록 격려했습니다.

신약성경에 나오는 영적 전쟁의 예는 거의 모두 관계 갈등과 관련이 있습니다. 마귀가 일을 망치는 경우 대부분은 관계에서 시작됩니다. 다음은 두 가지 예입니다. 바울은 에베소 교회에 다음과 같이 썼습니다. "모든 겸손과 온유로 하고 오래 참음으로 사랑 가운데서 서로 용납하고 평안의 매는 줄로 성령이 하나 되게 하신 것을 힘써 지키라"(엡 4:2-3) 바울은 편지에서 항상 구체적인 상황을 언급했습니다. 그는 그들이 겸손하고 온유하지 않았고, 그들의 그룹이 항상 평화를 누리지 못했기 때문에 이 편지를 썼습니다.

4장에서 조금 더 나아가 바울은 "분을 내어도 죄를 짓지 말며 해가 지도록 분을 품지 말고 마귀에게 틈을 주지 말라"(엡 4:26-27)고 계속해서 말합니다. 우정의 불화는 마귀가 발판을 마련하는 곳입니다.

바울은 빌립보 교회에 보낸 편지에서 교회의 핵심 일꾼 두 사람이 다툼을 해결하도록 돕기 위해 "아무 일에든지 다툼이나 허영으로 하지 말고 오직 겸손한 마음으로 각각 자기보다 남을 낫게 여기고 각각 자기 일을 돌볼뿐더러 또한 각각 다른 사람들의 일을 돌보아 나의 기쁨을 충만하게 하라"(빌 2:3-4)고 당부했습니다. 존 윔버는 어느 날 목회 직원들에게 "항상 원하는 것을 얻을 수 있는 것은 아니다"라고 말했습니다. 모든 인생에 대한 단순하지만 심오한 진리입니다. 우리가 원하는 것을 얻을 자격이 있다는 생각만 버릴 수 있다면 우리의 삶은 더 평화로워질 것입니다.

나보다 다른 사람을 소중히 여긴다면 입을 다물고 상대방의 말에 귀를 기울일 것입니다. 경청할 뿐만 아니라 상대방의 말을 진지하게 고려하고, 상대방의 입장이 되어 그들의 관점에서 사물을 보려고 노력할 것입니다. 복종에 대한 바울의 논의에 대한 소개는 이렇게 시작됩니다. "그리스도를 경외함으로 피차 복종하라"(엡 5:21) 복종하다니! 네, 우리 문화가 "권리를 위해 싸우라"고 가르치는 시대에도 그렇습니다.

이것은 결혼 문제만이 아니라 모든 사람의 문제입니다. 이 구절은 우리가 어떻게 살아야 하는지, 술에 취하지 말아야 하는지, 교회 모임에서 노래를 부르지 말아야 하는지에 대해 설명한 이전 단락에 첨부되어 있습니다. 교회에서 노래하는 '올바른 방법'에 대한 사람들의 의견이 얼마나 강한지 놀랍습니다. 겸손하게 협력하는 법을 배울 수 있는 또 하나의 기회입니다.

복종한다는 것은 "다른 사람의 힘이나 권위에 넘겨주거나 양보하는 것"을 의미합니다. 예수님께서도 그렇게 하셨습니다. 말처럼 쉽지는 않지만, 성령이 내주하시면 우리는 할 수 있습니다. 권력을 내려놓는 것은 예수님의 삶에서 반복해서 볼 수 있는 주제입니다. 좋은 결혼 생활을 위해서는 힘을 내려놓으십시오. 그리고 직장에서 친구를 사귀려면 힘을 내려놓으십시오. "하나님과 이웃을 사랑하라"는 두 가지 큰 계명이 서로 얽혀 있고 상호 의존적인 것처럼, 하나님과 서로에게 복종하는 것은 함께 가야 합니다. 사랑과 복종은 양방향으로, 즉 바깥쪽과 위쪽으로 향해야 합니다. 각각은 우리를 서로에게로 인도합니다.

예수님은 "하나님과의 평등을 자신의 이익을 위해 사용하는 것으로 생각하지 않으셨습니다." 여러분은 논쟁을 잘하거나 강력한 성격을 지녔기 때문에 유리한 위치에 있을 수 있습니다. 그 힘을 자신에게 유리하게 사용하시겠습니까, 아니면 그 힘을 포기하시겠습니까?

예수님은 우리의 힘으로 무엇을 해야 하는지 가르쳐 주십니다

우리 모두는 가족, 동료, 이웃, 친구 등 영향력을 행사할 수 있는 영역이 있습니다. 우리는 부모, 직원, 교회 지도자로서 일을 하고 사람들을 돌봐야 할 책임이 있습니다. 하나님은 이러한 관계에서 권위를 주시고 우리가 그 권위를 어떻게 사용하는지 지켜보십니다. 직원을 관리하는 관리자로서 우리는 "누가 이곳의 상사인지 확실히 알려주고 싶다."는 유혹을 받습니다. 그때 우리는 친구들 위에 군림하지 않기로 선택한 종의 왕을 기억합니다. 그는 겸손한 길을 선택했습니다.

예수님의 산상수훈을 들은 사람들이 이해한 축복은 땅을 물려받고 돌봄을 받으며 잘 먹는 것이었습니다. 그러나 예수님은 그들에게 새로운 정의를 내리셨습니다. 예수님은 '복 있는 사람'은 자신의 권력을 내려놓는 사람이라고 말씀하셨습니다. 이러한 마음과 행동의 결과 중 하나는 주변 사람들과 평화로운 관계를 맺는 것입니다.

"심령이 가난한 자는 복이 있나니 천국이 그들의 것임이요"(마 5:3) 심령이 가난하다는 것은 내면의 공허함과 겸손함, 그리고 배울 준비가 되어 있다는 뜻입니다. 심령이 가난한 사람은 자기 의지를 비우는 사람입니다. 그들은 자기 생각에 사로잡히거나 자기 자신으로 가득 차 있지 않습니다. 심령이 가난한 사람은 영적 또는 도덕적 경쟁에서 이

기기 위해 다른 사람과 경쟁하지 않습니다.

심령이 가난하다는 것은 논쟁이나 화를 잘 내지 않는다는 뜻입니다. 심령이 가난한 사람은 상대방이 논쟁에서 이기도록 기꺼이 내버려 둡니다. 심령이 가난한 사람은 자신의 방식을 고집하지 않습니다. 그들은 승자가 되기보다는 평화를 추구합니다. 비판을 받을 때 심령이 가난한 사람은 보복하지 않습니다. 대신 평화를 추구합니다. 공동의 선을 추구합니다. 그들은 자신이 누구보다 지혜가 많다고 생각하지 않습니다.

광야의 유혹에서 예수님은 증명하거나 보호할 것이 아무것도 없었습니다. 아버지께서 그를 보호해 주셨습니다. "보호할 것이 없고 증명하거나 방어할 필요가 없을 때만 자유로워집니다." 예수님은 아버지의 지시를 제외하고는 신성한 권능을 행사할 권리를 내려놓으셨습니다. "나는 항상 아버지를 기쁘시게 합니다."라고 예수님은 말씀하셨습니다. 우리 안에 계시는 성령께 굴복함으로써 우리는 다른 사람의 유익을 위해 순수하고 온화한 방식으로 권위를 행사할 수 있습니다.

성령의 음성에 귀를 기울이는 것은 어렵지 않습니다. 자기 의지와 자기주장을 비우고 귀를 기울이기만 하면 됩니다. 그러면 하나님의 영과 지혜에 귀를 기울일 수 있습니다. 우리가 가르침을 받을 수 있다면 우리는 배우고 성장할 것입니다. 성령께서 그분의 생각으로 우리에게 영감을 주실 것입니다.

예수님의 산상수훈에서 예수님은 형제자매 간의 분열의 근원을 파헤치십니다. 예수님은 살인과 분노라는 주제를 다루고 계십니다. 살인이 잘못되었다는 것은 누구나 알고 있지만, 예수님은 근본적인 문제에 대해 훨씬 더 깊이 다루고 계십니다. 예수님은 "형제나 자매에게 화를 내는 사람은 누구나 심판을 받게 될 것"이라고 말씀하십니다. 예수님은 우리가 분노를 뿌리 뽑아 단합과 상호 사랑을 키우기를 원하십니다. 예수님은 "네 힘을 내려놓으라!"고 말씀하십니다. 바울은 여러 편지에서 "의견을 내려놓고 서로 화목하게 지내는 법을 배우십시오."라고 말하고 있습니다.

사랑이 답입니다

바울이 고린도 교인들에게 보낸 첫 번째 편지의 유명한 13장에서 바울은 우리의 이기심에 대한 해독제를 제시합니다. 그는 사랑이 진정 무엇인지 설명합니다. 사랑의 특성이 겸손의 특성과 얼마나 얽혀 있는지 놀랍습니다.

사랑은 인내심입니다. 바울이 사랑을 설명할 때 가장 먼저 사용한 형용사가 인내심이라는 점이 흥미롭습니다. 부엌에서, 고속도로에서, 대화 중에 다른 사람이 길을 비켜줄 때까지 기다리려면 내가 작아져야 합니다. 다른 사람을 기다려야 할 때는 자신을 먼저 생각하지 않는 것입니다. 다른 사람을 먼저 생각하는 것은 "네 이웃을 네 몸과 같이 사랑하라"는 말씀으로 요약할 수 있습니다.

사랑은 교만하지 않습니다. 사랑은 겸손합니다. 이 두 가지는 정반대입니다. "하나님은 교만한 자를 대적하고 겸손한 자에게 은혜를 베푸십니다."

사랑은 자신의 방식을 요구하지 않습니다. 다른 사람을 자신보다 낫다고 생각하면 자신의 방식을 요구하지 않게 됩니다.

사랑은 잘못한 것을 기록하지 않습니다. 겸손한 사람은 큰 빚을 탕감받았다는 사실을 알기 때문에 자연스럽게 용서합니다.

바울은 무엇보다도 사랑의 중요성을 강조합니다. 사랑을 최고의 목표로 삼으십시오. 여러분의 가장 높은 목표는 무엇인가요? 성공적인 경력인가요? 아름다운 집인가요? 사랑을 최고의 목표로 삼아야 한다는 것을 계속 상기시켜야 합니다.

"주 예수님, 우리도 당신처럼 우리의 힘을 내려놓을 수 있도록 도와주십시오. 말씀으로 우리에게 주신 결혼의 모범을 우리 눈앞에 지켜주십시오. 무엇보다 주님을 경외하는 마음으로 서로에게 복종하고, 우리 자신보다 서로를 더 존중할 수 있도록 도와주십시오"

15장
학습 기계가 되십시오

"이미 알고 있다고 생각하는 것을 배우기 시작하는 것은 불가능하다."

에픽테투스(Epictetus)

"교만은 우리가 성공하기 위해 소유해야 하는 바로 그 도구, 즉 우리의 마음을 무디게 합니다. 학습 능력, 적응력, 유연성, 관계 구축 능력 등 모든 것이 교만 때문에 무뎌집니다."

라이언 홀리데이(Ryan Holiday)

"아브라함 링컨은... 대부분의 경우 하지 말아야 할 일이었지만, 무언가를 배우지 않은 사람을 만난 적이 없다고 말한 적이 있습니다. 그것은 바로 배움이며, 그것은 당신의 깨어 있음에서 비롯됩니다."

존 우든(John Wooden)

예수님이 겸손의 모델로 어린아이를 꼽은 이유 중 하나는 아이들은 학습하는 기계이기 때문입니다. 아이들은 배울 수밖에 없습니다. 다른 모든 사람들은 그들보다 더 크고, 더 강하고, 더 많은 것을 알고 있습니다. '어린아이'가 되는 것만이 그들이 아는 유일한 것이기 때문에 그들은 배우고, 배우고, 또 배웁니다.

우리는 더 이상 어린아이가 아닌 이상 알아야 할 모든 것을 아는 척하고 싶어 합니다. 모르는 것이 있으면 똑똑해 보이고 싶어서 자신의 무지를 드러내지 않으려는 경향이 있습니다. 예수님의 말씀처럼 위대해지려면 그런 경향에 저항하고 학습하는 기계가 되어야 합니다. 그것이 바로 겸손한 어린아이들이 하는 일입니다.

아이들은 종종 우스운 말을 합니다. 잘못된 생각을 가지고 있고 말이 뒤섞이기도 합니다. 하지만 어릴 때에는 틀려도 괜찮습니다. 자신의 지식에 자부심을 갖는 법을 배우지 않았기 때문에 가르침에 열려 있습니다. 아이들은 매일 부모로부터 수정과 가르침을 받아야 합니다.

다른 사람이 자신보다 더 많이 안다는 것을 인정하는 것은 낮은 자리에 앉는 것입니다. "자기 계발의 장벽은 배우는 것이 싫어서가 아니라 가르침을 받는 것이 싫어서입니다... 완전히 발전하기 위해서는 많은 겸손이 필요합니다." 우리가 모든 답을 모른다는 것을 인정하는 것은 어려운 선택이지만 지혜와 명예를 얻는 길입니다. "지혜의 가르침은 주님을 경외하는 것이며, 명예보다 겸손이 먼저입니다."

실수한 후 기꺼이 다시 시도하기

예수님의 제자들은 모든 것을 버리고 주님을 따랐습니다. 모든 것을 버리고 24시간 연중무휴로 운영되는 예수님 학교에 등록했습니다. 제자들은 항상 잘못된 말을 하고, 잘못된 생각을 하고, 잘못된 결정을 내렸습니다. 하지만 그들은 계속 배웠습니다.

예수님이 빵과 물고기를 번식시킬 때 제자들은 무슨 일이 일어나고 있는지 전혀 몰랐습니다. 이해할 수 있는 일입니다. 그러나 예수님께서 5,000명을 먹이시고 또 한 번 4,000명을 먹이신 후에도 그들은 여전히 빵이 없다고 걱정했습니다. 그들은 매우 느리게 따라잡았습니다. 그러나 그들은 계속 자신을 낮추는 선택을 했습니다.

예수님은 제자들이 누가 가장 큰 사람이 될 것인지 다투었을 때 그들을 바로잡으셨습니다. 예수님은 제자들의 불신앙에 대해 여러 차례 꾸짖으셨습니다. 제자들이 하나님의 자녀가 되는 것보다 귀신을 쫓아내는 것에 더 흥분했을 때 그들을 바로잡으셨습니다. 그러나 제자들은 스승의 제자로서 꿋꿋이 버텼습니다. 그들은 자신이 아는 것이 많지 않다는 것을 기꺼이 인정했습니다.

베드로가 처음 예수님을 따르기 위해 어부로서의 삶을 떠났을 때 그는 성급하고 변덕스러웠습니다. 그는 자신이 예수님을 안다는 사실을 세 번이나 부인한 것으로 유명합니다. 그러나 그는 가르침을 받을 수 있었기 때문에 나중에 초대 교회에서 가장 영향력 있는 지도자 중 한 명이 되었습니다.

예수님은 제자들의 잘못을 지적하고 다음 단계의 훈련을 제공하는 데 정말 능숙했습니다. 때때로 사람들은 너무 정중해서 우리의 잘못을 지적하지 않을 때가 있습니다. 따라서 우리는 스스로 최고의 비평가가 되어야 합니다. 그리고 우리 모두는 허술한 단점이 있기 때문에 다른 사람들에게 의견을 구해야 합니다. 지난 몇 년 동안 저는 성인이 된 자녀 몇 명에게 제 삶에서 보이는 나쁜 행동에 대해 자유롭게 지적해 달라고 부탁했습니다. 저는 개선을 멈추고 싶지 않습니다.

"겸손한 사람은 지적을 받는 것에 개방적인 반면, 오만한 사람은 지적에 대해 분명하게 닫혀 있습니다. 교만한 사람은 자신의 의견과 통찰력에 대해 지극히 자신감이 넘칩니다. 동료도, 지역 상사도, 심지어 교황 자신도 그들을 성공적으로 훈계할 수 없습니다. 그들은 알고 있습니다. 그리고 그것이 문제의 끝입니다. 오만한 사람들은 자신의 견해로 가득 차 있기 때문에 다른 견해를 볼 능력이 부족합니다."

저의 오랜 친구인 게리 베스트(Gary Best)는 수년 동안 전 세계를 여행하며 컨퍼런스와 교회에서 강의를 해왔습니다. 그는 평생 동안 지역 교회 목사와 캐나다의 빈야드 교회 전국 이사로 봉사했습니다. 그는 교회에서 계속 강연을 하고 있으며, 아내인 조이와 함께 홍콩의 '세인트 스티븐스(St. Stephen's)' 사역지에서 1년에 한 달 동안 봉사하고 있습니다. 세인트 스티븐스 교회는 마약 중독에서 회복되어 예수님을 영접한 많은 마약 중독자들과 다른 많은 사람들의 안식처입니다.

게리는 유능한 교사이지만 젊은 지도자들에게 아버지가 되는 것의 가치를 깨닫고 있습니다. 그는 세인트 스티븐스에 머무는 동안 많은 가르침을 하지 않습니다. 게리와 조이는 돌봄과 격려가 필요한 지도자 및 사역자들과 함께 시간을 보낼 수 있을 뿐입니다.

베스트 부부는 신문 스프링스 세인트 스티븐스 캠퍼스에 있는 건물을 관리하는 일에도 참여하고 있습니다. 이 복합 건물은 수백 명의 사람들이 거주하는 곳입니다. 게리의 업무 중 하나는 아파트 건물을 다시 칠할 사람들을 모집하고 교육하는 것입니다.

게리는 채용 연설에서 "페인트 칠하는 법을 모르는 사람들만 교육하고 싶습니다."라고 말합니다. 그는 세인트 스티븐스 형제들 중 상당수가 페인트칠을 조금이라도 해본 경험이 있다는 것을 알고 있습니다. 그는 그들 중 일부는 작품의 품질이 좋지 않음에도 불구하고 스스로를 숙련된 화가라고 생각한다는 것을 알고 있습니다. 하지만 게리에게 첫 단계부터 기꺼이 배우려는 사람들도 있었습니다. 당신은 낮아져서 처음부터 시작할 의향이 있으신가요?

로이드 알렉산더(Lloyd Alexander)는 "무언가를 배우기 전에 아무것도 모르면 안 되고, 채워지기 전에 비워져야 한다."고 말했습니다. 그리고 "그릇의 비어 있음이 그릇을 유용하게 만드는 것이 아닐까요?"라고 말을 덧붙였습니다.

그래미상과 퓰리처상을 9번이나 수상한 재즈 뮤지션 윈튼 마살리스(Wynton Marsalis)는 '젊은 재즈 뮤지션에게'라는 연작 편지를 통해 뮤지션을 키우는 데 필요한 조언을 전했습니다. 길에서 온 편지. 다음은 배움의 자세를 유지하기 위한 마살리스의 조언입니다. "겸손은 눈가리고 아웅하는 오만함을 물리치기 때문에 배움을 낳습니다. 겸손은 진실이 스스로 드러날 수 있도록 마음을 열어줍니다. 자신의 방식대로 서 있지 않습니다... 누군가가 진정으로 겸손한지 어떻게 알 수 있을까요? 여기 간단한 테스트가 하나 있습니다. 겸손한 사람은 지속적으로 관찰하고 경청하기 때문에 발전합니다. 그들은 '나는 길을 안다.'고 생각하지 않습니다." 이러한 태도는 가족, 운동, 음악, 건축업, 의료업 등 어떤 기술을 배우든 상관없이 필수적입니다.

50대 후반에 저는 한 달에 몇 번씩 야외 봉사 활동 행사에서 음악을 연주하기 시작했습니다. 넓은 야외 주차장을 소리로 가득 채우는 가장 좋은 방법은 풀 밴드와 함께 하는 것이었습니다. 일렉트릭 기타 실력을 키울 수 있는 기회였습니다. 몇 년 동안 일렉트릭 기타 연주를 해봤지만 그다지 잘하지는 못했습니다. 반면 어쿠스틱 기타는 항상 제가 '즐겨 연주하는' 악기입니다.

배울 게 많다는 걸 알았기 때문에 연습을 시작했습니다. 잘못된 테크닉으로 계속 머물고 싶지 않았습니다. 많은 시간 동안 연습하고 공연하면서 많은 것을 배웠고, 제 공연에서도 드러나고 있습니다. 하지만 아직도 배울 게 많습니다. 일렉트릭 기타 연주자로서 제 부족함을 솔직하게 인정해야만 배울 수 있었습니다. 누구든 나이와 상관없이 계속 배우고 발전할 수 있는 것입니다.

"우리는 배움을 끝내고 싶지 않습니다. 우리는 준비가 되어 있기를 원합니다. 우리는 바쁘고 부담이 많습니다. 이런 이유로 자신의 재능에 대한 평가를 하향 조정하는 것은 인생에서 가장 어려운 일 중 하나이지만, 거의 항상 숙달의 한 요소입니다. 지식에 대한 가식은 우리가 더 나아지는 것을 방해하기 때문에 가장 위험한 악습입니다. 공부하면서 하는 자기 평가가 해독제입니다."

배움을 멈추지 마십시오

전설적인 농구 코치이자 작가인 존 우든(John Wooden)은 "영원히 살 것처럼 배우고 내일 죽을 것처럼 살아라… 항상 자신이 불멸의 존재이며 앞으로의 긴 여정을 위해 많은 지식과 지혜가 필요하다는 생각으로 배우고, 지식을 습득하고, 지혜를 구하라."고 썼습니다. 인생이 끝날 때 배움이 끝나는 것입니다. 우든의 직설적인 말은 잠언의 말씀과 일맥상통합니다. "네가 스스로 지혜롭게 여기는 자를 보느냐 그보다 미련한 자에게 오히려 희망이 있느니라"(잠 26:12)

저는 예순 살이 넘었지만, 아직 갈 길이 멀었습니다. 저는 정체되고 싶지 않습니다. 어린아이처럼 겸손하게 계속 배우고 싶습니다. 많은 지식을 쌓았다고 해도 사회는 그 어느 때보다 빠르게 변화하고 있습니다. 기술과 사회적 규범은 빛의 속도로 진화하고 있습니다. 자녀를 포함한 주변 사람들로부터 배우시기 바랍니다. 저는 아내와 아이들이 교육, 예술, 정치 등 사회의 새로운 트렌드에 귀를 기울이기 때문에 항상 새로운 정보를 습득하고 있습니다.

관련성이 없는 오래된 관행과 패턴에 집착하는 경향에 유의하십시오. 인터넷을 손쉽게 이용할 수 있는 요즘에는 어떤 주제를 조사하는 것이 그 어느 때보다 쉬워졌습니다. 예전에는 검색하는 것이 매우 번거로웠던 시절이 기억납니다. 이제는 거실 소파에 앉아 노트북 컴퓨터로 할 수 있습니다. 파고들어 배우십시오.

특별한 학습자

카노 지고로(Kano Jigoro)는 일본의 교육자이자 운동선수였으며 유도라는 무술의 창시자였습니다. 1860년에 태어난 카노는 배움에 대한 의지가 남달랐습니다.

그는 고대 무술인 주짓수를 변형하여 유도를 창시했습니다. 유도는 당시 일본 경찰이 사용했고, 올림픽 경기에도 정식 종목으로 채택되었습니다. 카노는 일본이 다양한 과목에서 청소년을 교육할 수 있는 모든 방법을 찾아냈습니다. 그는 체육과 교육에 대한 공헌으로 전 세계적으로 널리 존경받았습니다.

카노는 죽기 직전에 모든 제자들에게 자신의 주위에 모여달라고 부탁했습니다. 그는 제자들에게 "나를 묻을 때는 검은 띠에 묻지 말아라! 반드시 흰 띠에 묻어주세요!"라고 말했습니다. 무술에서 흰 띠는 유도를 처음 배우는 초심자가 착용하는 띠입니다. 카노는 평생 배움을 멈추지 말라는 교훈을 다시 한번 강조하고 있었습니다. 겸손과 가르침에 대한 교훈이 아닐 수 없습니다.

아무리 전문가가 되어도 어린아이의 겸손한 자세를 가져야 한다는 것을 일깨워 줍니다. 죽는 날까지 주변 사람들에게서 배우기를 열망하시기 바랍니다.

16장
팀 플레이어가 되십시오

저는 선수로나 관중으로서 모두 스포츠를 항상 좋아합니다. 스포츠에 참여하는 것의 가치는 단순한 즐거움 그 이상입니다. 스포츠에서 뛰어난 기량을 발휘하기 위해 필요한 노력은 우리의 인성을 형성합니다. 훌륭한 스포츠맨십을 배우는 것은 올바른 미덕을 심어주는 데 도움이 됩니다. 모든 인생에서와 마찬가지로 팀 스포츠에서도 겸손은 필수입니다.

제가 가장 좋아하는 농구팀은 골든스테이트 워리어스(Golden State Warriors)입니다. 야유와 환호성이 들리나요? 제가 이 팀을 좋아하는 이유는 크게 두 가지입니다. 첫째, 워리어스는 보는 재미가 있는 훌륭한 선수들을 보유하고 있습니다. 둘째, 가장 중요한 것은 이타적인 놀라운 문화를 가지고 있다는 점입니다. 선수 개개인이 자신의 권리보다 팀 전체를 더 소중히 여깁니다. 이것은 겸손이 필요합니다.

성공의 열쇠 중 하나는 패스 게임입니다. 각 선수는 자신이 직접 위험한 슛을 시도하는 대신 슛을 쏘기 좋은 위치에 있는 팀원에게 재빨리 공을 패스합니다. 통계에 따르면 NBA의 그 어떤 팀보다 공을 많이 패스합니다. 이기적인 자존심은 이 팀을 지배하지 않습니다. 반면에 다른 팀의 일부 스타 선수들은 공을 놓치기를 꺼려합니다. 그들은 많은 득점을 올릴 수 있지만 팀은 어려움을 겪습니다. 한 명이라도 공을 이기적으로 다루면 팀은 잠재력을 최대한 발휘할 수 없습니다.

워리어스에는 여러 명의 올스타 선수가 있지만, 그들 중 누구도 영광을 독차지하는 선수는 없습니다. 각 선수는 팀 점수가 중요하다는 것을 알기에 다른 선수들의 성공을 축하합니다. 많은 득점을 올리는 선수는 대중의 관심을 끌고 일반적으로 더 많은 돈을 벌게 됩니다. 하지만 워리어스의 정신은 개인의 스타 의식이 아니라 팀워크입니다.

스티븐 커리(Stephen Curry)는 모든 종류의 득점 기록을 경신한 워리어스의 간판 포인트 가드입니다. "스티븐은 농구의 방식을 바꿔놓았습니다. 그는 농구 역사상 최고의 슈터라는 찬사를 받았으며, 이를 뒷받침하는 통계도 보유하고 있습니다." 2014-15시즌에 스티븐은 팀을 40년 만에 NBA 우승으로 이끌었습니다. 그는 NBA에서 가장 가치 있는 선수로 두 번이나 선정되었습니다. 독실한 크리스천인 그는 "호감이 가고 겸손하며 부드러운 말투로 신앙을 실천하고 있다."고 평가받습니다.

그와 같은 슈퍼스타 지위를 가진 선수들은 대부분 자존심이 강합니다. 그런 거만한 선수들을 관리해야 하는 코치들은 더욱 힘든 일을 해야 합니다. 코치는 일반적인 코칭 업무 외에도 자기중심적인 선수의 기질적인 자존심을 달래야 합니다. 2018년, 워리어스는 또 한 번 NBA 우승을 차지했습니다. 축하 만찬에서 워리어스의 감독인 스티브 커(Steve Kerr)는 팀의 성공에 큰 기여를 한 스티븐 커리에게 "고맙다"는 말을 잊지 않았습니다. 하지만 커 감독은 커리가 끊임없이 쓰다듬어줘야만 하는 자존심이 없다는 것을 알고 있었기 때문에 그의 간과에 대해 걱정하지 않았습니다.

커리는 2018 플레이오프에서 최고 가치 선수상을 받지 못한 것에 대해 조금도 걱정하지 않았습니다. 그는 팀의 또 다른 엘리트 선수인 케빈 듀란트(Kevin Durant)가 이 상을 받은 것을 매우 기뻐했습니다. 커리는 사람들의 칭찬에 굶주리지 않습니다. 그의 목표는 하나님을 기쁘시게 하는 것이기 때문입니다. 그는 하나님의 인정을 받음으로써 자신을 채웁니다. 그는 불안해하지 않습니다. 그는 개인 득점 통계와 인간적인 찬사가 중요한 것이 아니라는 것을 알고 있습니다. 축구는 팀 스포츠입니다. 팀은 함께 패배를 겪고, 함께 힘든 시기를 겪으며, 함께 승리를 축하합니다. 팀이 이기면 모두가 승리하는 것입니다.

단합과 이타심

골든스테이트 워리어스가 보여준 뛰어난 팀워크와 자기희생은 가정, 교회, 그리고 사람들이 함께 일하는 모든 조직에 훌륭한 모델입니다. 팀워크는 성공을 가져다줄 뿐만 아니라 재미도 선사합니다. 워리어스 선수들 중 일부는 다른 뛰어난 선수들을 팀에 영입하기 위해 연간 수백만 달러의 연봉을 삭감하기도 했습니다. 그들은 우승하는 팀의 일원이 되고 싶을 뿐만 아니라 모두가 소중히 여기고 인정받는 행복한 팀에 소속되기를 원합니다. 직장 동료들과 진정으로 즐겁게 어울리는 것, 이것이 우리 모두가 원하는 것이 아닐까요?

역사상 가장 위대한 농구 코치 중 한 명은 존 우든(John Wooden)이었습니다. 27년 동안 제 모교인 UCLA에서 코치 생활을 하셨습니다. 그분은 제가 UCLA에 입학하기 전 해에 은퇴하셨습니다. 그의 별

명은 '웨스트우드의 마법사'였습니다. 그는 총 10번의 전국 챔피언십에서 우승했고 팀을 88경기 연속 연승으로 이끌었습니다. 우든은 신앙심 깊고 청렴한 크리스천이었습니다.

우든은 선수들에게 농구 코치 이상의 존재였습니다. 그는 선수들에게 강한 인성, 습관, 도덕의 중요성에 대해 다양한 교훈을 가르친 멘토였습니다. 우든은 '성공의 피라미드'라는 도표를 만들었습니다. 이 피라미드에는 근면, 우정, 충성심, 협동심, 열정 등 스포츠와 인생에서 성공하는 데 필요한 모든 종류의 자질이 담겨 있습니다. 이 피라미드의 가치 중 하나는 팀 정신입니다. 우든은 "이것은 다른 사람을 생각하는 것을 의미합니다. 이는 그룹의 이익을 위해 그룹 내에서 자신을 잃는 것을 의미합니다. 이는 모두의 복지를 위해 개인의 이익이나 영광을 기꺼이 희생할 뿐만 아니라 열망하는 것을 의미합니다."

서로를 위한 구성원

이러한 태도와 행동은 교회, 가족, 모든 동료 그룹을 하나로 묶는 것과 정확히 일치합니다. 그리스도의 몸 안에서 우리는 하나의 건물, 하나의 가족, 하나의 성령의 전으로 서로 연결되어 있습니다. 우리는 서로에게 속해 있습니다. 지체의 모든 부분은 소중한 지체이며 다른 지체를 돕는 역할을 합니다. 우리는 우는 사람들과 함께 울고 잘하는 사람들과 함께 기뻐합니다.

우든이 가장 좋아하는 말 중 하나는 다음과 같습니다. "자신의 감정보다 타인의 권리를, 자신의 권리보다 타인의 감정을 먼저 고려하라." 이 말은 바울이 빌립보 교인들에게 보낸 편지에서 바로 발췌한 것입니다. "아무 일에든지 다툼이나 허영으로 하지 말고 오직 겸손한 마음으로 각각 자기보다 남을 낫게 여기고 각각 자기 일을 돌볼뿐더러 또한 각각 다른 사람들의 일을 돌보아 나의 기쁨을 충만하게 하라"(빌 2:3-4) 우든은 이타적인 태도를 가진 농구 선수를 영입했습니다. "저는 다른 사람을 배려하고 그룹의 이익을 위해 자신을 잃을 수 있는 선수를 중요하게 생각했습니다. 팀 플레이어가 아닌 재능 있는 선수는 농구를 하든 사업을 하든 궁극적으로 팀에 해를 끼칩니다."

그리스도의 몸에서는 한 개인이 가장 밝게 빛나는 별이 되려고 해서는 안 됩니다. 유일한 별은 예수님뿐입니다. 우리가 살고 있는 유튜브 시대에는 '다른 사람에게 감동을 주는 것'이 지나치게 강조되고 과대평가됩니다. 개인으로서 우리는 모두 더 큰 이야기의 일부입니다.

스타 지위를 버리는 것

농구팀에서든 교회에서든 스타의 지위는 팀의 단합을 해칩니다. 존 우든은 한 스타 선수를 칭찬하고 다른 스타 선수를 거부하는 이유를 설명합니다. 먼저 우든은 이기주의자 데니스 로드먼(Dennis Rodman)에 대해 설명합니다. "데니스 로드먼이 훌륭한 선수이고 훌륭한 선수이긴 하지만, 저는 그가 우리 팀에 있는 것을 원하지 않습니다. 그는 관심을 끌고자 하는 욕구가 강한 이기주의자입니다." 풍부한 코치 경험을 가진 우든은 로드먼과 같은 자기중심적인 선수를 팀에 두면 팀이 무너진다는 것을 알고 있었습니다.

이와는 대조적으로 우든은 UCLA와 미국농구협회에서 기록을 경신한 카림 압둘-자바(Kareem Abdul-Jabbar)의 태도를 칭찬했습니다. "카림은 자신의 뛰어난 득점 능력을 팀의 더 큰 이익을 위해 사용했습니다. 그는 기꺼이 그렇게 했습니다. 하지만 저나 카림이 그 득점 능력을 독차지하도록 허용했다면 다른 선수들의 공헌이 줄어들어 팀에 해를 끼쳤을 것입니다. 카림은 자신보다 팀을 먼저 생각했습니다."

우리가 팀에 도움이 될까요, 해가 될까요? 팀, 가족, 교회 또는 동료를 돕기 위해서는 나 자신보다 공동체를 더 소중하게 생각해야 합니다. 겸손이 필요합니다. 스포츠 팀, 교회 또는 모든 종류의 조직에서 다른 사람이 '큰 점수를 얻고 있을 때' 겸손한 사람은 질투나 자기 연민에 사로잡히지 않고 기뻐할 것입니다.

고대 도시 고린도 – 야심 찬 사람들을 위한 자석

뉴욕시. 이 독특한 도시를 떠올리면 어떤 이미지가 떠오르나요? 부, 명성, 권력, 월스트리트, 유명 배우와 가수 등 사람들이 인생에서 자신의 흔적을 남기고 성공을 찾기 위해 찾는 곳입니다.

고대 도시 고린도는 현대의 홍콩, 런던, 뉴욕과 비슷한 모습이었습니다. 다양한 국가, 문화, 종교를 가진 사람들로 가득한 국제적인 도시였습니다. 고린도는 왕래가 많은 무역로 지협에 위치한 항구 도시로 상업이 번성했습니다. 고린도는 또한 예술의 중심지였으며 성적 난잡함, 부도덕, 과음으로 유명했습니다. 야심 찬 사람들은 자신을 증명하고 돈을 벌기 위해 이 도시로 몰려들었습니다.

바울은 교회를 개척하기 위해 AD 50년에 고린도에 왔습니다. 똑똑하고 자신감 넘치는 고린도 사람들 중 일부는 바울의 가르침을 통해 복음을 발견했습니다. 새로 개종한 이들은 자존심과 야망에 대한 모든 문제를 교회로 가져왔습니다. 얼마 지나지 않아 다툼, 분열, 특별한 영적 지위 추구 등 온갖 문제가 발생했습니다. 그들은 미성숙한 상태에서 스스로가 엘리트 그리스도인임을 증명하려고 했습니다.

바울은 고린도 그리스도인들이 "모든 종류의 말과 모든 지식"과 영적 은사로 풍성해졌다고 격려하는 것으로 편지를 시작합니다. 그런 다음 그는 그들의 이기적인 야망과 논쟁, 이기심과 자랑에 맞섭니다. 바울은 그들의 불순한 동기에 강한 어조로 책망합니다. "형제들아 내가 신령한 자들을 대함과 같이 너희에게 말할 수 없어서 육신에 속한 자 곧 그리스도 안에서 어린 아이들을 대함과 같이 하노라 내가 너희를 젖으로 먹이고 밥으로 아니하였노니 이는 너희가 감당하지 못하였음이거니와 지금도 못하리라 너희는 아직도 육신에 속한 자로다 너희 가운데 시기와 분쟁이 있으니 어찌 육신에 속하여 사람을 따라 행함이 아니리요"(고전 3:1-3)

그는 그들의 자기중심적인 태도를 지적합니다. 고린도 교회는 다른 사람들보다 더 높은 지위에 오르고 싶어 하는 지망생들로 가득했습니다. 바울은 고린도 교인들을 우월감 추구에서 겸손으로 방향을 전환합니다.

저는 많은 교회에서 일하면서 저를 포함한 사람들이 때때로 영적 지위를 놓고 형제자매들과 경쟁하는 것에 빠지는 것을 알고 있습니다. 고린도에서와 마찬가지로 세상적인 태도가 교회 안으로 새어 들어옵니다. 우리는 서로에게 공을 '패스'하고 다른 사람들이 빛나도록 격려하는 대신 자신이 '스타'가 되기를 원합니다. 경건한 야망이 잘못되면 이기적인 야망이 됩니다.

예배 인도자로 일하면서 이기적인 야망은 몇 번이고 죽여야 하는 추악한 괴물과 같다는 것을 알게 되었습니다. 다른 예배 인도자들을 비판하고 경쟁하고 싶은 유혹이 있을 때 저는 그 반대의 정신으로 행동하려고 노력했습니다. 바울이 로마 교회를 향해 "악에 지지 말고 선으로 악을 이기라"고 말했듯이 말입니다. 다른 사람을 질투할 때는 그들을 축복하시고, 그들을 들어 올려주시기 바랍니다.

저는 다른 많은 예배 인도자들과 단상을 공유하는 습관을 들였고, 그들에게 제 자리를 대신할 수 있는 기회를 주었습니다. 그렇게 할수록 저는 나르시시즘이라는 용을 죽이고 다른 사람들의 성공을 더 많이 즐길 수 있었습니다. 다른 사람에게 빛을 발할 수 있는 기회를 줄 수 있다면 그렇게 하십시오. 직장과 교회에서 다른 사람에게 '공을 넘겨주는' 일을 잘하시기 바랍니다.

줄리어스 어빙(Julius Erving)과 모제스 말론(Moses Malon)

겸손한 태도를 통해 팀의 단합과 성공을 이룬 또 다른 뛰어난 사례가 있습니다. 팻 윌리엄스(Pat Williams)는 1970-1980년대 필라델피아 '세븐티식서스(76ers)'에서 단장을 역임하며 네 곳의 NBA 팀에서 단장을 지냈습니다. 그는 가장 재능 있고 겸손한 두 명의 농구 선수와 함께 일했던 기억을 떠올립니다. 첫 번째는 전설적인 '닥터 J'였던 줄리어스 어빙이었습니다. 어빙은 당대 가장 유명한 운동선수 중 한 명이었습니다.

닥터 J는 자유투 라인에서 슛을 던져 슬램덩크를 터뜨리는 것으로 유명한 187cm의 포워드였습니다. 팻 윌리엄스는 닥터 J에 대해 "세계적인 명성에도 불구하고 닥터는 제가 아는 운동선수 중 가장 겸손하고 자신을 드러내지 않았으며 가장 자신감 넘치는 선수였습니다. 그는 성공으로 이끄는 가장 중요한 자신감과 겸손의 균형을 잘 보여줍니다."라고 말했습니다.

줄리어스 어빙은 1976년 필라델피아 세븐티식서스에 입단한 후 몇 년 만에 슈퍼스타로 발돋움했습니다. 몇 년 후, 필라델피아 세븐티식서스는 엄청난 잠재력을 지닌 193cm의 센터 모세스 말론을 영입했습니다. 어빙이 화려함과 스타일을 겸비한 선수였다면 말론은 골밑을 파고들며 피나는 노력과 허슬 플레이로 상대를 압도하는 실속형 센터였습니다. 세븐티식서스 경영진은 두 스타 선수의 궁합에 대해 우려했습니다. 두 선수의 조합이 잘 맞을까요? 아니면 말론이 세븐티식서스의 우승을 뒤흔들지는 않을까요?

그들의 우려는 근거 없는 것으로 판명되었습니다. 모세스는 줄리어스 어빙과 함께 일하는 것에 대한 기자의 질문에 "이것은 닥터 J의 쇼이며 항상 훌륭한 쇼였습니다. 모제스는 단지 닥터 J를 돕기 위해 여기 있는 것입니다. 그리고 더 좋은 쇼가 될 것 같아요." 말론과 어빙 모두 자존심이 강하지 않았기 때문에 두 거물 사이에는 충돌이 없었습니다. 모제스 말론의 첫 시즌에 세븐티식서스는 NBA 우승을 차지했고 말론은 플레이오프 MVP로 선정되었습니다.

팻 윌리엄스는 그 해를 좋게 기억합니다. "그때는 우리가 겸손함도 겸비하고 있었다는 사실을 깨닫지 못했습니다. 뛰어난 재능과 겸손함의 탁월한 조합이 필라델피아에 우승을 가져다주었습니다."

자신의 영역 공유

겸손이 부족한 경쟁심 강한 사람들은 자신의 영역을 지키려고만 합니다. "내 팀이고 내가 쇼를 운영한다." 이기주의자는 팀워크, 서로를 존중하는 태도 대신 항상 자신이 주도권을 쥐고 주목을 받아야 합니다. 이러한 엘리트주의적 태도가 고린도 교회를 감염시키고 있었습니다. 경쟁적인 일인자주의의 결과는 분열과 관계의 단절이었습니다. 시기와 질투가 큰 타격을 입히고 있었습니다. 바울이 이 편지를 쓴 목적은 이러한 해로운 태도를 뿌리 뽑기 위해서였습니다.

바울은 교회를 설명하기 위해 인체의 비유를 사용합니다. 각 사람은 고유한 기능을 가진 신체의 일부에 비유됩니다. 고린도 교인들 중 일부는 "나는 눈이 아니기 때문에 몸에 속하지 않는다."며 동료들 사이에서 열등감을 느꼈습니다. 다시 말해, "나는 설교할 수도 없고, 인도할 수도 없고... 너무 부끄럼도 많고, 재능도 없고, 자신감도 없어."라고 말했습니다. 이 교회에는 자신의 가치를 인정받지 못하고 소외감을 느끼는 사람들이 많았습니다. 그들은 뛰어난 영적 은사가 없어서 소속감이 없다고 느꼈습니다. 하지만 바울은 "너희는 그리스도의 몸이요 지체의 각 부분이라"(고전 12:27)라고 말합니다.

모든 사람이 가치 있다고 느끼게 하십시오

어느 운동팀에나 경기 시간의 대부분을 차지하는 1군 선수가 있습니다. 어떤 선수는 출전 시간이 거의 없는 경우도 있습니다. 존 우든(John Wooden)은 상대적으로 덜 중요해 보이는 선수들에 대해 다음과 같이 말합니다. "경기에 많이 뛰지 않는 선수들은 앞으로 더 많이 뛸 선수들의 성장에 매우 중요한 역할을 합니다. 그런 선수들은 꼭 필요하며, 그 사실을 선수들에게 알려야 합니다. 매니저부터 코치, 비서, 구단주까지 팀원 모두가 각자의 역할을 수행해야 합니다. 팀이 잠재력을 발휘하려면 이러한 역할이 중요합니다."

농구팀에서 2번과 3번 선수는 연습을 열심히 하면서 자신을 준비하고, 1번 선수와 경기를 통해 1번 선수를 준비시킵니다. 연습에서 강한 상대를 만나지 못하면 1군은 준비할 수 없습니다. 경기의 대부분을 벤치에서 보내는 이름 없는 영웅들의 역할은 매우 중요합니다. 그들은 소중합니다.

지난 시즌 워리어스가 또 한 번의 NBA 우승을 눈앞에 두고 있을 때

벤치에 있는 선수들의 기쁨을 느낄 수 있었습니다. 비록 경기당 출전 시간은 몇 분에 불과했지만, 우승은 그들의 승리였습니다. 그들도 누구 못지않게 우승 팀의 일원이었습니다. 모두가 팀의 성공에 기여하기 위해 최선을 다했습니다.

겸손은 하나님이 자신을 만드신 방식을 받아들이는 것입니다. 겸손은 하나님이 주신 기회를 받아들이는 것입니다. 겸손은 뛰어난 재능이 빛을 발할 때 기뻐하는 것입니다. 겸손은 하나님의 주권적인 자녀에 대한 은사 분배에 동의하는 것입니다. 우든은 우리 모두는 독특하게 창조되었으며 서로 다른 기회를 가지고 있다고 설명합니다. "우리 중 일부는 키가 작거나 크거나, 빠르거나 느리거나, 똑똑하거나 그렇지 않습니다. 상황은 다양합니다. 어떤 사람은 더 많은 기회, 어떤 사람은 더 적은 기회를 가집니다. 우리는 이 모든 면에서 똑같지는 않지만, 상황에 관계없이 자신이 가진 것을 최대한 활용할 수 있는 기회를 갖는다는 점에서는 모두 동일합니다. 여러분에게 주어진 궁극적인 과제는 주어진 조건에서 최선을 다해 발전하려는 노력을 기울이는 것입니다."

여러분이 할 수 있는 일은 하나님이 주신 것을 최대한 활용하는 것뿐입니다. 자신의 한계를 받아들이는 것이 만족의 비결입니다. 하나님의 주권에 대한 이 진리를 붙잡으면 시기와 질투가 무너집니다. 부러워하는 대신 다른 사람의 선물에 감사하게 됩니다. 성 어거스틴은 "시기심을 없애면 내가 가진 것도 네 것이 된다. 내가 시기심을 없애면 네가 가진 모든 것이 내 것이 된다!"라고 말했습니다.

'나'가 아닌 '우리'를 위한 것

바울은 고린도 교회에 그들의 정체성을 상기시킵니다. 그는 "우리는 하나님을 섬기는 동역자이며, 여러분은 하나님의 밭이고 하나님의 건물이며... 여러분은 모두 성령의 성전입니다."라고 말합니다. 이 진리를 묵상하는 것이 이기적인 야망의 영을 잠재울 수 있는 확실한 방법입니다. 여러분이 그리스도의 몸에 속해 있음을 깨닫는 것입니다. 바울이 말한 것처럼, 여러분은 서로의 지체입니다. 여러분은 더 큰 영적 유기체, 즉 그리스도의 몸의 일부입니다. 여러분이 몸의 '손가락'이라면, 여러분이 혼자서 하는 일은 어깨 등에 연결된 팔의 연장선일 뿐입니다. 혼자서는 아무것도 할 수 없습니다.

우월감을 가지고 있던 고린도 사람들에게 바울은 "눈은 손에게 '나는 네가 필요 없어!'라고 말할 수 없다."고 말합니다. 우리 모두는 서로가 필요합니다. 우리는 서로를 포용하고, 서로를 돕고, 서로 동의하고, 서로를 존중하도록 부름 받았습니다. 겉으로 보기에 '모든 것을 할 수 있는' 사람은 사랑을 최고의 목표로 삼아야 하며, 그렇지 않으면 하나님 보시기에 좋지 않은 사람입니다. 바울은 "개인으로서의 여러분에 관한 것이 아니라 더 큰 여러분, 즉 그리스도의 몸 전체에 관한 것입니다!"라고 말합니다. 그는 이어서 말합니다. "...여러분에게 받지 못한 것이 무엇입니까? 그리고 만약 당신이 그것을 받았다면 왜 마치 받지 않은 것처럼 자랑합니까?"

질투에 '아니오'라고 말하십시오

하나님께서는 모든 종류의 사람들에게 항상 지혜와 재능의 보석을 은혜롭게 뿌려 주십니다. 그분은 정신적, 영적 은사, 예술적, 운동 능력, 뛰어난 지능의 보석을 나누어 주십니다. 우리는 이러한 은사를 두 가지 방식으로 볼 수 있습니다. "내가 얻었고 내가 그 공로를 인정받는다." 또는 "와, 정말 대단한 선물이다." 하나님을 모든 좋은 선물을 주신 분으로 본다면 우리 자신을 올바른 시각으로 바라볼 수 있습니다. 우리는 모든 사람을 단순한 선물이든 특별한 선물이든 하나님의 선물을 받은 사람으로서 감사할 수 있습니다. 저는 예배 인도자이자 음악 아티스트로서의 경력을 쌓는 동안 팀 플레이어의 태도를 갖추기 위해 열심히 노력해왔습니다. 제 자존심을 계속해서 내려놓아야 했습니다. 경쟁은 우리 문화에서 매우 큰 부분을 차지합니다. 저는 그것에 맞서 싸우고 예수님의 겸손한 마음을 향해 달려가야 합니다.

세상의 방식은 "정상에 오르기 위해 싸우라"고 말합니다. "개인적 성과만이 보상을 받을 수 있는 유일한 방법이다."라고 말합니다. 하나님 나라의 경제에서 우리는 가족, 교회, 사업체에서 다른 사람들이 일어나 자신의 자리를 찾도록 돕는 데서 큰 보람을 찾습니다. 그분은 여러분에게 개인적인 성공을 주실 수도 있고 그렇지 않으실 수도 있습니다. 여러분을 둘러싼 더 큰 이야기를 받아들이십시오. 성공에 대한 하나님의 정의를 받아들이십시오.

"주라 그리하면 너희에게 줄 것이니라." 자녀를 위해 새로운 기회를 만들면 보상을 받게 됩니다. 동료나 친구가 인정받을 수 있도록 자리를 만들어 주면 보상을 받게 될 것입니다. 여러분이 젊은 지도자를 세울 기회를 찾고, 여러분이 지도자의 특권을 내려놓을 때, 하나님께서는 여러 가지 방법으로 여러분에게 보답하실 것입니다. 그리고 여러분은 점점 더 겸손한 왕을 닮아가게 될 것입니다.

17장
당신 안에 일하시는 하나님

> "구원의 삶에서 활기차고 하나님 앞에서 경건하고 민감하게 살아가십시오. 그 에너지는 하나님의 에너지이며, 당신 내면 깊은 곳에 있는 에너지이며, 하나님 당신이 기꺼이 그분께 가장 큰 기쁨을 줄 수 있는 일을 하고 계십니다."

"누구요, 제가요? 겸손하다고요? 그게 가능한가요?" 겸손하다는 말을 듣는다는 것이 우스워 보이시나요? 가끔은 그렇게 느껴지기도 합니다. 하지만 그것은 내 존재의 핵심인 진정한 나라는 것을 기억하기 전까지입니다. 내 영 안에 있는 진짜 나는 예수님의 마음에 접목되어 있습니다. 화난 말을 뱉지 않도록 인내심을 가지고 어깨에 손을 얹어 주시는 스승님이 늘 곁에 계십니다.

예수님은 "아버지와 나는 하나"라고 말씀하셨습니다. 그리고 "아버지 없이는 나는 아무것도 할 수 없다."고 말씀하셨습니다. 예수님에게 핵심은 아버지와 성령과 연합하는 것이었습니다. 우리도 하나님과 같은 연합이 있습니다. 예수님이 나와 연결되어 있고 연합되어 있다는 사실을 안다면 안식할 수 있습니다. 예수님을 죽음에서 살리신 동일한 능력이 여러분 안에 살아 있습니다. 예수님을 십자가로 이끄셨던 사랑과 겸손의 마음이 여러분의 마음과 연결되어 있습니다. 하늘로부터의 은혜는 여러분과 저에게 항상 열려 있습니다.

그리스도 안에서 진정한 정체성 안에서 안식하세요

우리는 그분의 형상대로 만들어졌습니다. 성령의 능력을 받은 자녀로서 우리는 그분의 특성을 구현하고 반영합니다. 우리는 예수님처럼 생각하고 행동할 수 있는 능력이 있습니다. 바울은 고린도 교회에 이렇게 썼습니다. "...우리는 그리스도의 마음을 가졌습니다." 은혜로 충만하신 예수님은 우리에게 끊임없이 자신을 내어주셨습니다.

자신의 정체성에 대한 이러한 이해가 없다면 겸손과 경건에 이르는 엄청나게 높은 사다리를 오르려고 노력하게 될 것입니다. 사다리를 오르려 하지 말고 내 안에 계신 왕께 양보하십시오. 우리 모두가 그렇듯이 실수를 할 때 그리스도께 접붙임을 받았다는 현실에 안주하지 않으면 절망과 패배감을 느끼게 될 것입니다.

직원을 감독하거나 양육해야 할 자녀가 있는 경우, 좌절스러운 순간에 권력 놀이를 하고 싶은 유혹을 받게 됩니다. 분노와 공격성으로 권위의 '큰 막대기'를 잘못된 방식으로 사용하고 싶다는 생각이 들 것입니다. 그 순간 성령께서 "그래, 진짜 나는 종이다."라는 사실을 기억하도록 도와주실 것입니다. 그분은 여러분에게 "그만... 생각해."라고 말씀하실 것입니다. 그리고 "이 순간 최선의 선택은 무엇일까요?"라고 말씀하실 것입니다. 하나님은 여러분이 필요로 하는 모든 것을 알고 계시고, 여러분이 하는 모든 일을 보시고, 여러분 안에 계십니다! 선을 행할 수 있는 신성한 힘이 여러분의 손끝에 있습니다. 겸손의 영, 성령은 여러분의 내면에 살아 계시며 매 순간 여러분을 가능하게 하고 인도할 준비가 되어 있습니다.

당신은 삼위일체의 본질을 구현합니다

하나님에게는 많은 속성이 있습니다. 하나님 본성의 한 측면은 겸손입니다. 전능하시고 영원히 살아계신 하나님이 어떻게 겸손하실 수 있을까요? 글쎄요, 그것은 인간의 이해를 넘어서는 것 중 하나입니다. 지구상에서 가장 유순한 두 동물, 즉 어린양과 비둘기는 예수님과 성령을 상징하는 데 사용됩니다.

예수님의 칭호 중 하나는 '하나님의 어린 양'입니다. 무력한 어린양. 예수님은 고난 받는 종, 아버지 우편에 있는 특권적인 지위를 내려놓은 겸손한 왕이었습니다. 예수님은 항상 아버지께 순종하셨습니다. 그분은 항상 아버지를 기쁘시게 하기를 선택하셨습니다. 예수님의 영은 겸손의 영입니다. 물론 그는 사자로도 묘사되며, 원할 때마다 '포효'할 수 있습니다.

예수님의 세례 때 성령은 예수님 위로 내려오는 비둘기로 묘사됩니다. 하나님은 온화한 비둘기로 묘사됩니다. 성령은 아버지와 아들을 가리킵니다. 예수님은 성령의 사역을 묘사합니다. "그는 듣는 것만 말할 것이다." 성령은 아버지와 아들과 동행하십니다. 하나님께서는 우리 안에 의에 응답할 수 있는 이러한 준비성을 심어주십니다.

초대 교회 신학자들이 삼위일체를 설명하기 위해 사용한 그리스어 단어 중 하나는 다른 사람의 유익을 위해 자신을 내어주는 행위, 즉 자기 비움의 행위인 '케노시스(Kenosis)'입니다. 이 단어는 겸손한 하나님을 묘사합니다. 삼위일체는 위계가 아니라 사랑의 원에 가깝습니다. 삼위일체의 본질은 하나님의 능력이 지배, 위협, 강압이 아니라는 것을 보여 줍니다. 모든 신성한 힘은 공유된 힘이며 자율적인 힘을 내려놓는 것입니다. 우리가 우리와 함께하시는 하나님께 양보한다면 우리는 이 겸손한 자세를 배울 수 있습니다.

초대 교회 역사에서 삼위일체를 설명하기 위해 사용된 또 다른 단어는 상호 복종 또는 역동적인 혼합을 의미하는 '페리코레시스(Perichoresis)'입니다. 이 관계는 춤으로 묘사되기도 했습니다. 조나단 말로(Jonathan Marlowe)의 말을 빌리자면 "댄서는 두 명이 아니라 적어도 세 명입니다. 그들은 원을 그리며 움직이기 시작하고, 매우 아름다운 동작 패턴을 만들어냅니다. 그들은 완벽한 리듬과 서로의 호흡을 유지하면서 점점 더 빨라지고 빨라지기 시작합니다. 결국에는 너무나도 빠르게, 그러나 너무나도 자연스럽게 춤을 추고 있어 보는 내내 흐릿해집니다. 그들의 개별적인 정체성은 더 큰 춤의 일부입니다. 초대 교회의 교부들은 이 춤(페리코레시스)을 보고 "삼위일체란 바로 이런 것입니다."라고 말했습니다. 삼위일체는 서로 주고받는 조화로운 관계의 집합입니다. 이 관계를 사랑이라고 하며, 삼위일체의 모든 것입니다. 페리코레시스는 사랑의 춤입니다."

여기서 말하는 '상호 복종'은 겸손의 다른 말입니다. 아버지와 아들과 영은 서로에게 절하고 상호 사랑으로 협력합니다. 영으로 태어난 하나님의 아들과 딸인 우리에게는 이 마음의 본질이 담겨 있습니다.

삼위일체와의 유대를 키우고 그분들의 길을 본받을 때, 우리는 같은 종류의 겸손한 자세로 걷습니다.

성령과 연합

바울은 골로새 교회에 "이는 너희가 죽었고 너희 생명이 그리스도와 함께 하나님 안에 감추어졌음이라"(골 3:3)고 말합니다. 우리 존재의 가장 핵심적인 수준에서 우리는 "하나님 안에 그리스도와 함께 숨겨져 있습니다." 바울은 에베소 교회에 "그러나 이제 여러분은 그리스도 예수와 연합했습니다."라고 말합니다. 여러분은 "신성한 본성에 참여하는 자"입니다. 여러분이 더러운 선한 존재라는 마귀의 거짓말을 믿지 마십시오. "나의 옛 자아는 그리스도와 함께 십자가에 못 박혔습니다. 이제 더 이상 내가 사는 것이 아니라 그리스도께서 내 안에 사십니다. 그래서 나는 하나님의 아들을 신뢰함으로써 이 지상의 몸에서 살고 있습니다…"

이런 성구를 수백 번 읽었다면 그 진정한 의미를 놓칠 수 있습니다. 그리스도와 연합하는 것의 진정한 의미를 배운 적이 없다면 그 의미를 놓치게 될 것입니다. 그 진리에 담긴 진정한 힘이 없는 일종의 종교적 사상을 보게 될 것입니다.

대부분의 서구 기독교는 그리스도와의 연합을 강조하지 않았습니다. 대신 우리의 개성과 하나님과의 분리성을 강조해 왔습니다. 토마스 머튼(Thomas Merton)이 일기에 쓴 것처럼 "우리는 이미 하나입니다. 하지만 우리는 그렇지 않다고 생각합니다. 우리가 회복해야 할 것은 본래의 하나됨입니다. 우리가 되어야 할 것은 우리가 이미 있는 그대로의 모습입니다."

그리스도를 입으십시오

우리 안에는 그리스도를 닮을 수 있는 무한한 능력이 있으며, 그분의 지속적이고 강력한 임재를 기반으로 합니다. 그분은 우리 안에 계십니다. 우리는 행동과 말에서 그분의 본성을 깨닫고 실현하기 위해 끊임없이 '그리스도를 입기'만 하면 됩니다. 우리는 포도나무와 완전히 연결되어 있습니다. 요한복음 15장의 포도나무와 가지 비유는 이러한 연합의 완전성을 가르쳐 줍니다.

앤드류 머레이는 이 진리의 힘을 이렇게 말했습니다. "원래 가지든 접붙인 가지든, 오직 창조주께서 하신 일로만 가능한 것이니, 그분에게서 멀어지는 것을 두려워하지 마십시오." 그것은 당신이 얼마나 거룩하다고 느끼는지에 관한 것이 아닙니다. 그것은 안도감입니다. 성령은 변덕스러운 유령이 아니며, 그분은 영원히 우리와 함께하십니다.

예수님은 가지인 여러분을 포도나무인 자신에 접붙이셨습니다. 이것은 "저기 어딘가에 계신 하나님"과는 매우 다른 그림입니다. 하나님이 '모든 세계 위에' 계시는 분이라면 매일 매 순간 내게 힘을 주시는 모습을 상상하기 어렵습니다. 사실 하나님의 영과 내 영은 분리되어 있지 않습니다.

모든 선한 일을 할 수 있도록 끊임없이 능력 주심

"...주님과 연합한 사람은 주님과 한 영입니다." 내가 주님과 하나라는 사실을 알면 믿음이 마음속에서 아름다운 샘물처럼 솟아납니다. 이 진리를 묵상하면 "나는 할 수 있다."고 생각하게 됩니다. 믿음의 은사가 여러분 안에서 작용하여 사랑과 친절과 겸손으로 행할 수 있도록 힘을 줍니다. 내면의 동역자이신 예수님 안에 거하면 쓰레기를 버리고 지저분한 곳을 기꺼이 치우면서도 불평하지 않게 됩니다. 그분은 상상할 수 없는 어려움 속에서도 기꺼이 인내하게 하십니다. 그와 당신의 목적은 봉사하는 것입니다. 이기적인 생각이 머릿속을 가득 채우나요? 물론 그렇습니다. 그러나 그것은 진짜 당신이 아닙니다. 진짜 여러분은 완전히 겸손하고 온유하며 인내하기를 원합니다. 그분의 영, 그분의 자아, 그분의 본질, 그분의 능력, 그분의 은혜가 여러분과 결합되어 있기 때문입니다.

수행이 아닌 순종에 관한 것입니다

우리 중 누구도 완벽해지는 방법을 모르지만, 우리는 연합하고 연결 상태를 유지하는 연습을 할 수 있습니다. "너희가 내 안에 거하면 나도 너희 안에 거하리라"고 예수님은 말씀하십니다. 그것은 수행이 아니라 머무름에 관한 것입니다. 그것은 가능하다고 해도 교만하고 자만심만 키울 수 있는 완벽한 행동보다 자신의 핵심 정체성을 지키는 것입니다. 그를 믿으십시오. 여러분은 완전한 포도나무에 연결된 가지입니다. 여러분이 그리스도로 옷을 입고 그분의 자양분이 되는 사랑과 지혜를 얻으면 그분의 열매를 맺을 수 있습니다.

성령의 끊임없는 일깨움: 위대한 알림

겸손한 사람은 항상 성령의 음성을 들을 수 있는 귀가 열려 있습니다. 예수님은 "그가 너희에게 모든 것을 가르치고 내가 너희에게 말한 모든 것을 생각나게 하리라"고 말씀하셨습니다.

성령은 당신에게 상기시켜 줍니다...
... 사람들로부터 왕 같은 대접을 받으려고 고집하지 말라고 하십니다.
... 주변에서 낮은 위치에 있는 사람들을 존중하라고 하십니다.
... 낙담하고 가난하고 착취당하는 사람들을 일으켜 세울 방법을 찾으라고 말씀하십니다.

성령은 여러분에게...
... 피조물의 위로가 충분하지 않다고 불평하지 말라고 하십니다.
... 자신의 방식대로 요구하지 말고 권리를 내려놓으라고 하십니다.

... 최선의 선택은 아버지를 기쁘시게 하는 것입니다.

성령은 당신에게 상기시켜 줍니다...
... 모든 것을 다 이해하지 못해도 평화를 누릴 수 있다는 것을...
... 결국 중요한 것은 세상의 칭찬과 찬사가 아니라 당신의 삶으로 하나님을 기쁘시게 하는 것입니다.

그리스도의 몸의 신비로운 일치

그리스도인 각자가 하나님과 개인적으로 연합하는 것은 매우 중요합니다. 하지만 성령의 연결이라는 큰 그림에서 매우 중요한 또 다른 부분이 있습니다. 주님과 각 제자 사이에 신비로운 연합이 있는 것처럼, 그리스도의 몸인 교회 지체들 사이에도 하나됨이 있습니다. "몸이 하나요 성령도 한 분이시니 이와 같이 너희가 부르심의 한 소망 안에서 부르심을 받았느니라."(엡 4:4)

내 안에 내주하시는 동일한 영이 여러분에게도 내주하십니다. 그분은 우리의 공통된 유대입니다. 우리는 모두 연결되어 있습니다. 바울은 우리에게 '너희는 서로 지체'라고 말합니다. "그리스도 안에서 우리는 많은 사람이지만 한 몸을 이루었고 각 지체는 다른 모든 지체에게 속해 있습니다."

개인주의가 팽배한 이 시대에 '서로에게 속한다'는 것은 우리의 정체성에 대한 근본적인 관점입니다. 하나님은 우리 중 누구도 섬이 되라고 부르지 않으셨습니다. 성령 안에서 우리는 하나입니다. 그렇기 때문에 우리는 친밀하고 연결된 관계를 추구해야 합니다. 우리는 함께 교제하고 함께 봉사하기로 선택할 때 우리의 하나됨을 발견합니다.

"우리가 유대인이나 헬라인이나 종이나 자유인이나 다 한 성령으로 세례를 받아 한 몸이 되었고 또 다 한 성령을 마시게 하셨느니라"(고전 12:13) 우리는 교회라는 성령으로 연결된 유기체입니다. 우리는 개별적으로 성령에 접근할 수 있으며, 그리스도의 몸으로서 훨씬 더 풍부하고 다양한 방식으로 성령에 접근할 수 있습니다. 우리는 고독한 사람보다 온전한 몸으로서 그분의 은사를 훨씬 더 온전히 부여받았습니다. 우리가 겸손하게 행하면 다른 지체들의 지혜와 통찰력, 은사로부터 유익을 얻을 수 있습니다.

깨어진 관계의 문제는 인류 역사의 모든 문화와 시대에서 가장 흔한 주제 중 하나입니다. 또한 신약 시대와 교회 역사를 통틀어 가장 큰 문제 중 하나이기도 합니다. 예수님과의 연합, 그리고 서로와의 연합을 존중하면 관계를 잃는 대신 관계를 발전시킬 수 있습니다.

바울은 함께 지내는 데 어려움을 겪고 있던 두 명의 지도자가 있는 빌립보 교인들에게 이렇게 편지를 씁니다. "그리고 이것이 나의 기도입니다. 여러분의 사랑이 지식과 통찰력의 깊이에 점점 더 풍성해져서 무엇이 최선인지 분별할 수 있게 되기를…" 바울은 사랑이 분별력을 가져온다고 말합니다.

우리가 서로 사랑함으로써 연합을 실천할 때, 겸손하게 받아들이고 서로에게서 배울 준비가 되어 있는 것을 포함해, 우리는 통찰력을 얻게 됩니다. 바울은 빌립보 교인들이 서로 연합하여 살아가기 위한 기초로 그리스도와의 연합을 언급하며 연합을 향해 나아가도록 격려합니다. "그러므로 그리스도 안에 무슨 권면이나 사랑의 무슨 위로나 성령의 무슨 교제나 긍휼이나 자비가 있거든 마음을 같이하여 같은 사랑을 가지고 뜻을 합하며 한마음을 품어 아무 일에든지 다툼이나 허영으로 하지 말고 오직 겸손한 마음으로 각각 자기보다 남을 낫게 여기고"(빌 2:1-3)

교회 가족과 강하게 연결되어 있다는 것은 개인의 성장과 결실을 위한 자원인 동시에 이기적인 성향에 대한 도전입니다. 하나님과 서로에 대한 겸손은 우리를 위한 하나님의 모든 자원에 대한 문을 열어줍니다.

그분은 당신 안에 계십니다

그분은 이미 여러분 안에 계십니다. 하루 종일 그분과 대화하고 그분의 말씀에 귀를 기울이십시오. 그분의 모든 것을 흡수하십시오. 그분의 제자로 살아가십시오. 항상 그에게서 배우십시오. 그리고 그분처럼 행동하는 다른 사람들과 어울리십시오.

당신 안에서 그분의 변화시키는 일에 협력하십시오. 그가 행한 일에 대한 감동적인 이야기로 끊임없이 마음을 채우십시오. 그분의 많은 추종자들의 이야기와 가르침에 귀를 기울이십시오.

바울이 말한 것처럼 "하나님을 본받으십시오." 천천히 그분의 생각을 생각하고, 그분이 원하시는 것을 원하고, 그분이 행하신 것을 행하면서 그분을 닮아갈 것입니다. 그렇게 할 때 사람들은 사랑과 겸손의 특성을 지니고 있는 여러분에게서 특별한 점을 발견하게 될 것입니다. 자신의 중요성에 대해 지나치게 부풀려진 시각을 가지고 있지 않기 때문에 사람들은 당신에게 마음을 열 것입니다.

당신을 위한 자원이 부족하지 않습니다. 겸손은 내주하시는 그리스도의 영에 지속적으로 굴복함으로써 실천할 수 있습니다. 이것이 평화의 길입니다. 문제없는 삶이 아니라 만족의 삶입니다.

하나님이 우리 삶에서 크시도록 허용하고, 우리가 낮아질수록 계속 성장하도록 허용한다면, 우리의 삶은 기쁨과 생산성으로 가득 차게 될 것입니다. 지금 우리가 서 있는 이 은혜에 대해 하나님께 감사드립니다.

18장
은혜롭게 늙어가기

> "여호와는 죽이기도 하시고 살리기도 하시며 스올에 내리게 도 하시고 거기에서 올리기도 하시는도다 여호와는 가난하게 도 하시고 부하게도 하시며 낮추기도 하시고 높이기도 하시는 도다"(사무엘상 2:6-7)

우리 모두에게 공통적인 것은 끊임없이 진행되는 노화 과정입니다. 스무 살이든 일흔 살이든, 하나님께서 우주를 만드신 방식, 특히 인간의 짧은 수명에 대해 묵상하는 것은 매우 중요합니다.

지난 2017년 말에 저는 환갑이라는 큰 이정표를 맞이했습니다. 시간이 참 빠릅니다. 이제 저는 엄밀히 말하면 '중년'을 넘어섰습니다. 자연스럽게 인생의 교훈을 되돌아보고 평가하게 됩니다. 세월이 흐르면서 모든 인간은 언젠가는 죽는다는 피할 수 없는 진리에 대해 더 많이 생각하게 됩니다. 화살표는 궁극적인 죽음과 다가올 삶을 가리키고 있습니다. 어떻게 대처하시겠습니까? 어떻게 준비할 수 있을까요? 지상의 삶이 끝나는 것을 은혜롭게 받아들이는 것이 하나님의 겸손 학교의 마지막 교훈입니다.

심술궂나요, 감사하나요?

우리는 모두 영화나 책, 실생활에서 심술궂은 노인을 본 적이 있습니다. 인생의 칠십 대에 접어든 지금, 저는 경직되고, 내 방식대로 고집하고, 오랫동안 품어온 의견을 고집하는 것에 대한 끌림을 더 절실하게 느낍니다. 동시에 저는 연약함과 가르침을 향한 성령의 당김을 느낍니다.

연약함은 진정한 관계로 가는 길입니다. 다시 한번 예수님은 우리에게 그 길을 보여주셨습니다. 그분은 아기가 되기 위해 아래로 큰 걸음을 내디뎠습니다. 더러운 기저귀, 뜨거운 날씨, 폭풍우가 몰아치는 바다, 아들이 성전에 간 이유를 이해하지 못하는 부모 등 지상의 모든 육체적 질병에 자신을 내맡기셨습니다. 종의 왕이신 예수님은 자신이 창조한 사람들 앞에 무릎을 꿇으셨습니다. 먼지가 많은 갈릴리 먼 길을 걸으셨고 온갖 불편한 침대에서 주무셨습니다.

왜 그렇게 하셨을까요? 그분은 인류와 관계의 다리를 놓기 위해 극도의 불편함을 감수하셨습니다. 그는 우리에게 삶을 잃음으로써 삶을 찾는 방법을 보여주었습니다. 제자들과 함께한 세월이 끝날 무렵, 그는 제자들에게 "예수께서 또 이르시되 너희에게 평강이 있을지어다 아버지께서 나를 보내신 것 같이 나도 너희를 보내노라"(요 20:21)고 말씀하셨습니다. 그분은 우리에게도 똑같이 말씀하십니다.

불완전한 나는 불완전한 다른 사람들 곁에 있는 하나님을 찾는 사람이라는 이유만으로 서서히 다듬어지고 있습니다. 겸손과 사랑으로 나는 발전할 것입니다. 실수를 계속 인정하고 주변 사람들에게서 배우다 보면 씁쓸해지기보다 더 나아질 수 있는 기회가 생깁니다. 다른 사람의 실수를 계속 넘어갈 수 있고 모욕과 상처를 받아들일 수 있다면 나는 발전할 것입니다. 인간관계에서 마음을 열고 취약한 마음을 유지할 수 있다면 나는 발전할 것입니다.

자존심에서 물러나는 한 가지 방법은 "나는 이보다 더 나은 대우를 받을 자격이 있어"라고 말하는 태도를 피하는 것입니다. 노년층으로서 제가 굴복할 수 있는 어떤 자격지심이 있습니다. "어쨌든 저는 60이 넘었습니다. 좀 더 존중받아야 하지 않을까요?"라고 생각할 수 있습니다. 북미 이외의 지역에서 저는 고국에서보다 젊은 사람들로부터 더 많은 존경을 받았습니다. 제가 본 바로는 북미에서는 나이 든 사람에 대한 존중과 존경이 일반적이지 않습니다. 하지만 그렇다고 해서 불평할 이유는 없습니다. 이 땅에 계실 때 왕족 대접을 요구하지 않으셨던 가장 높은 지위의 왕족이신 예수님을 생각해 보십시오. 예수님은 제 삶의 모델이기 때문에 저는 존경을 요구하지 않습니다. 대신 미소를 짓고, 설거지하고, 나를 소외시키는 사람들에게 친절을 베풀려고 노력합니다.

심술궂은 삶을 피하려면 자신을 너무 심각하게 생각하지 마십시오. 니키 검벨(Nicky Gumbel)은 "자신을 비웃을 수 있는 능력은 거룩함의 핵심입니다. 예수님을 진지하게 받아들이되 자신을 너무 진지하게 받아들이지 마십시오. 유머 감각은 거룩함과 겸손함 사이의 연결 고리입니다."라고 말합니다. 우리는 하나님을 매우 진지하게 받아들입니다. 그분은 거룩하시고 완전하시며 전능하신 분입니다. 우리는 오늘 여기에 있다가 내일 사라지는 들판의 꽃처럼 증발하는 안개와 같습니다. 동시에 우리는 그분의 사랑하는 자녀입니다. 어떤 의미에서 우리는 모두 너그러운 아버지의 안전하고 안전한 집에 사는 5살짜리 아이들과 같습니다. 하나님의 위대함 옆에 서 있는데 어떻게 우리 자신의 중요성에 대해 과장된 의견을 가질 수 있을까요? 이러한 관점으로 자신을 바라보면 자신의 연약함과 한계를 비웃는 것이 자연스럽게 따라옵니다.

매년, 매일, 매 순간이 선물인 인생의 모든 것이 선물이라는 사실을 잊지 마십시오. 여러분이 타고난 재능, 기회, 승진 등 인생의 모든 것은 모두 선물입니다. 여러분은 기술을 개발하고 열린 문을 통과함으로써 하나님과 동역하지만, 이 모든 것은 하나님의 은혜입니다. 자랑할 자리는 없습니다. 우리는 필요한 모든 것을 다 받은 어린아이와 같습니다. 그 사실을 생각하면 때때로 감사한 마음이 들기도 하고, 때때로 깊은 감사를 느끼기도 합니다.

올해 추수감사절 즈음에 저는 산책을 하며 지난 65년여 인생에서 제가 생각할 수 있는 모든 축복에 대해 하나님께 감사했습니다. 건강한 자녀와 훌륭한 아내를 둔 것부터 먹을 것이 풍족한 것, 하나님의 아름다운 창조물에 둘러싸여 있는 것까지 모든 것이 감사했습니다. 감사와 겸손은 함께 가야 합니다.

스스로를 부자라고 생각하지 않으실 수도 있지만, 자동차를 운전하고 은행에 약간의 여윳돈이 있다면 전 세계 인구의 대부분과 비교하면 부유하다고 할 수 있습니다. 우리는 우리가 가진 것이 충분하지 않다고 설득하는 광고에 시달리다 보니 이전 세대에 비해 우리가 왕처럼 살고 있다는 사실을 잊기 쉽습니다. 저는 관대하신 하나님의 은혜를 입은 감사한 수혜자입니다. 저는 열심히 일했지만 일할 수 있는 능력은 그저 선물일 뿐입니다.

다윗 왕과 그의 아들 솔로몬 시대에 이스라엘 백성들은 성전 건축을 위해 아낌없이 헌금했습니다. 다윗은 성전 봉헌식에서 "나와 내 백성이 무엇이기에 이처럼 즐거운 마음으로 드릴 힘이 있었나이까 모든 것이 주께로 말미암았사오니 우리가 주의 손에서 받은 것으로 주께 드렸을 뿐이니이다"(대상 29:14)라고 기도했습니다. 주님이 먼저 우리에게 베풀어 주셨기 때문에 우리가 다시 베풀 수 있는 것입니다.

이 말을 들으면 제가 5살 때 제 나이로 돌아간 것 같다는 생각이 듭니다. 어렸을 때 부모님은 저에게 '용돈'을 주셨고 때로는 집안일을 한 대가로 돈을 주셨습니다. 부모님은 사랑과 관대함, 그리고 제가 자원을 현명하게 사용하도록 훈련시키려는 열망으로 동기를 부여하셨습니다. 그 선물로 저는 제 자신을 위해 물건을 사거나 교회에 기부하거나 도움이 필요한 사람과 나눌 수 있었습니다. 금액이 더 커졌다는 점을 제외하면 지금도 마찬가지입니다. 아버지는 저에게 관대하셨습니다. 아버지의 관대함 덕분에 저는 대부분의 사람들이 풍요로운 나라와 역사 속에서 살 수 있었습니다. 그 진리를 깊이 생각하면 감사하고 관대하며 겸손한 태도를 갖게 됩니다.

변화하는 삶의 계절에 적응하기

성인이 된 제 삶을 되돌아보면 저와 제 가족에게 끊임없는 변화가 있었습니다. 저는 계속 진화하는 직업을 가졌고, 여러 도시에서 살았으며, 아이들도 아기에서 어른으로 성장했습니다. 이러한 변화는 흥미롭기도 하지만 종종 불편하고 당황스럽기도 합니다. 어린 자녀가 곁에 있고 규칙적인 일상이 주는 편안함과 예측 가능성 등 예전 일상의 안정감은 사라졌습니다. 30여 년 동안 전업주부였던 제 아내는 이제 집 밖에서 일하고 있습니다. 계속 번창하려면 감사와 신뢰로 제 삶의 새로운 풍경을 겸손하게 받아들여야 합니다. "유연한 자는 복이 있나니 그들이 꺾이지 아니하리라."는 척 스미스 목사의 설교에서 들은 말인데, 현대인에게도 좋은 속담입니다.

이 땅에서의 짧은 인생에 대해 생각하기

이전 장에서 저는 존 웜버의 말을 인용한 적이 있습니다. "들어가는 길이 곧 가는 길이다." 여기에 "들어오는 길이 나가는 길이다"라고 덧붙일 수 있습니다. 우리는 무력하고 보잘것없는 어린아이로 이 세상에 왔습니다. 우리는 겸손하게 절을 하며 그리스도의 사랑 안으로 들어왔고, 같은 자세로 이 세상을 떠날 것입니다.

하나님의 큰 계획의 긍정적인 관점에서 여러분의 삶의 궤적을 생각해 보십시오. 우리 각자에게 주어진 지상에서의 제한된 시간은 하나님의 건강한 설계입니다. 누구나 죽게 되지만 사람들은 죽음에 대해 이야기하는 것을 피합니다. 우리가 예수님과 함께 부활할 것을 정말로 믿는다면 죽음은 우울한 주제가 되어서는 안 됩니다. '마지막'에 대해 생각하는 것은 음산하거나 우울한 일이 아니라 현명한 일입니다. 인생의 시작은 하나님의 선물이며 마지막도 마찬가지입니다. 다음 생에서는 멋진 일들이 여러분을 기다리고 있습니다. '그분과 함께 다스리는' 다음 생에 대해 생각하는 것은 흥미롭고 고무적인 일입니다.

이 땅에서의 짧은 삶을 받아들이는 것은 우리가 하나님께 절하는 여러 가지 방법 중 하나입니다. 우리 각자는 하나님이 인류 역사를 그리는 넓은 붓의 일부입니다. 그분은 그것을 정하셨습니다. "날 때가 있고 죽을 때가 있으며 심을 때가 있고 심은 것을 뽑을 때가 있으며"(전 3:2) 그러므로 우리는 우리의 생애에 대한 그분의 설계에 겸손히 굴복합니다.

그리스도보다 400년 전에 살았던 유명한 철학자 소크라테스는 감옥에서 억울한 죽음을 맞이했습니다. 그는 사회와 도덕에 대한 비판자였습니다. 그는 정의와 선함을 주장하고 정부의 억압적인 권력에 반대했습니다. 그의 견해는 고대 그리스의 정치인, 시인, 예술가들을 자극했습니다. 그들은 그가 그리스 신들을 존중하지 않는다고 생각했습니다. 소크라테스가 감옥에 갇혀 억울한 죽음을 눈앞에 두고 있을 때, 세상에서 가장 잔인한 간수들이 그를 조롱하며 "왜 죽음을 준비하지 않느냐?"고 물었습니다. 소크라테스는 간수들을 바라보며 "나는 평생을 살아오면서 죽음을 준비해 왔습니다."라고 대답했습니다. 이 말에서 소크라테스는 성경의 가르침을 되새깁니다. "여호와여 나의 종말과

연한이 언제까지인지 알게 하사 내가 나의 연약함을 알게 하소서"(시 39:4) "우리에게 우리 날 계수함을 가르치사 지혜로운 마음을 얻게 하소서"(시 90:12)

탄생에서 죽음에 이르는 긴 여정

대부분의 아기들이 그렇듯이 여러분도 건강하게 태어났습니다. 여러분은 수년간의 건강한 성장을 통해 더 크고 강해졌습니다. 매년 더 많은 지식과 모든 종류의 생활 기술을 습득했습니다. 20대에도 여러분은 여전히 무한한 에너지를 가지고 있었습니다. 성인 초기에 우리 대부분은 기분이 좋습니다. 특히 올바른 식습관과 운동을 하면 더욱 그렇습니다. 하지만 안타깝게도 일부는 건강한 삶을 위해 최선을 다했음에도 불구하고 질병이나 사고에 시달리기도 합니다.

30대는 인생의 전성기이지만 신체는 내리막길을 걷기 시작하는 매우 느린 과정입니다. 이 시기에는 여전히 힘과 체력은 충분하지만, 지구력은 예전만 못합니다. 중년기에는 몸이 예전만큼 아름답지 않습니다. 얼굴이 늙어 보이고 체중이 증가하고 근육량이 감소할 수 있습니다. 젊었을 때의 모습을 잃게 됩니다. 더 많은 통증과 통증이 생기고 더 빨리 피곤해집니다. 시력과 청력이 서서히 약해집니다. 인생의 이 단계에 이르면 우리의 죽음에 대한 진실이 더욱 실감나는 현실이 됩니다. 건강한 생활을 실천할 수는 있지만, 아무리 영양 보충제를 많이 먹어도 노화 과정을 막을 수는 없습니다. 중년이 되면 외모에 대한 집착을 버려야 한다는 사실을 깨닫게 됩니다.

거울을 보고 '나이 든 사람'을 보면 영원에 대해 생각하게 됩니다. 눈에 보이는 것보다는 보이지 않는 것이 더 중요하다는 것을 직접 눈으로 확인하게 됩니다. 영원한 것을 위해 살아야 한다는 것을 상기시켜 줍니다. "위의 것을 생각하고 땅의 것을 생각하지 말라"(골 3:2) 다가올 도시에 대해 생각해 보십시오. "우리가 여기에는 영구한 도성이 없으므로 장차 올 것을 찾나니"(히 13:14)

우리의 영적인 부분인 내면은 영원히 살 것입니다. 바울은 고린도의 신자들에게 "만일 땅에 있는 우리의 장막 집이 무너지면 하나님께서 지으신 집 곧 손으로 지은 것이 아니요 하늘에 있는 영원한 집이 우리에게 있는 줄 아느니라 참으로 우리가 여기 있어 탄식하며 하늘로부터 오는 우리 처소로 덧입기를 간절히 사모하노라"(고후 5:1-2)고 말합니다.

수년 전, 제 친척 중 한 분이 나이가 훨씬 많은 남편의 임종을 지켜보면서 저에게 "노년은 마음이 약한 사람을 위한 것이 아니다"라고 말했습니다. 우리는 삶의 마지막을 준비해야 합니다. 하나님께서는 우리가 준비할 수 있도록 많은 지혜를 주셨습니다. 저는 하나님의 도움으로 앞으로 몇 년, 아니 몇십 년을 평화롭고 감사하게 보낼 수 있을 것이라고 감히 믿습니다. 다윗 왕이 하나님께 "나의 시대는 주님의 손에 달려 있습니다."라고 기도했듯이 말입니다.

남은 인생에서 무엇을 할 것인가?

지난 100년 동안 평균 수명은 급격히 늘어났습니다. 몇 년 전 제가 살고 있는 캐나다의 기대 수명을 측정한 설문조사에 따르면 여성은 평균 84.1년, 남성은 평균 80.2년을 살고 있는 것으로 나타났습니다. 이에 비해 1919년 미국의 평균 수명은 여성 56세, 남성 53세였습니다. 60대, 70대, 80대가 되면 무엇을 하시겠습니까? 자녀와 손자들과 함께 시간을 보내고 싶지만, 그보다 훨씬 더 많은 일을 할 것입니다. 제 계획은 다른 사람들을 돕기 위해 제가 가진 것을 계속 사용하는 것입니다. "내 인생보다 더 오래 지속될 수 있는 영향력을 발휘하고 있는가?"라는 질문을 스스로에게 던져야 합니다.

제가 가진 재능을 나누는 작은 방법 중 하나는 지역사회의 가난한 사람들을 위한 식사 자리에서 예배 음악을 연주하는 것입니다. 40개 이상의 교회에서 온 자원봉사자들이 '야간근무(Nightshift)'라는 기독교 단체와 함께 불우이웃을 위한 저녁 식사를 준비하는 일을 돕고 있습니다. 저는 다른 음악가 몇 명과 함께 식사를 제공하는 야외 주차장에서 음악을 연주합니다. 봉사자들은 예배 음악이 분위기와 손님들의 기분을 바꾸고, 예배의 정신으로 인해 화를 내거나 마음을 닫는 경우가 많은 손님들과 대화하기가 훨씬 쉬워진다고 자주 말합니다. 제가 플랫폼에서 바라보는 관점에서는 대부분의 사람들이 밴드에 주의를 기울이지 않습니다. 서로 밥을 먹으며 수다를 떨고 있습니다. 하지만 몇몇 사람들은 하나님의 평화와 진리를 받아들이고 때로는 음악에 맞춰 몸을 흔드는 것을 볼 수 있습니다. 이것은 섬김의 훈련, 즉 인생에서 힘든 일을 겪는 사람들을 위해 의도적으로 시간을 내는 것의 작은 예입니다.

루비 이야기

다음은 작가이자 전 빈야드 목사인 스티브 쇼그렌(Steve Sjogren)의 사역 실화입니다. 스티브는 자신의 교회에서 70대인 루비(Ruby)라는 여성을 만났습니다. 루비는 건강이 좋지 않았습니다. 의사들은 그녀에게 많은 시간을 주지 않았습니다. 스티브는 그녀에게 "남은 시간이 얼마 남지 않았다면 내일이 없는 것처럼 다른 사람들을 위해 봉사하는 것은 어떨까요?"라고 도전하고 싶은 충동을 느꼈습니다.

다음 토요일, 루비는 서번트(Servant) 전도팀과 함께 미혼모들을 돌보고 병자들을 위해 기도하러 갔습니다. 봉사 활동에서 루비는 수년 동안 발목을 구부릴 수 없었던 90대 여성을 위해 기도했습니다. 루비가 기도하자 할머니는 발을 움직일 수 있게 되었습니다. 루비는 자신의 약함과 연약함에도 불구하고 믿음의 발걸음을 내디뎠습니다.

인생의 마지막 3분의 1은 받은 모든 축복에 감사해야 할 때입니다. 자기 연민에 빠지지 마십시오. 가족, 친구, 교회, 일용할 양식, 그리고 하나님께서 여러분에게 베풀어 주신 모든 영적 축복에 대해 감사하며 믿음의 선한 싸움을 싸우십시오. 여러분을 창조하시고, 구원하시고, 가장 친한 친구가 되어 주신 것에 대해 감사하십시오.

냉소주의에 빠지지 마십시오. 사람들이 여러분에게 상처를 준 적이 있나요? 물론 그럴 수 있습니다. 누구나 인생에서 상처를 받습니다. 그런 상처가 여러분을 지배하지 않도록 하십시오. 고통스러운 기억이 떠오르면 용서받은 대로 용서하십시오. 겸손은 분노를 녹이고 오래된 상처를 치유합니다. 마음이 굳어지지 않도록 하십시오.

우리는 연약하지 않으면 사랑할 수도 사랑받을 수도 없습니다. 교만과 비관주의는 사람들을 밀어내지만 겸손은 사람들을 환영합니다. "어떤 사람은 백 명의 자녀를 낳고 장수할 수도 있습니다. 하지만 아무리 오래 살아도 인생의 좋은 것들에 만족하지 못한다면 무덤이 없는 사산아라도 그들보다 낫다고 생각합니다." 만족하시기 바랍니다. 죄가 없으셨지만 사람들로부터 끔찍한 대우를 받으셨던 예수님을 기억하십시오.. 그분은 아버지의 뜻에 굴복하셨습니다. 그분의 겸손을 본받으십시오.

저의 목표는 항상 감사하는 것입니다. "내 온 존재가 주님을 찬양하게 하소서! 내 목숨 다해 여호와를 찬양하리니, 내가 사는 한 내 하나님을 찬송하리로다."라고 기도합니다. 여러분과 감사 사이를 가로막고 있는 것이 있나요? 인생의 어려움에도 불구하고 하나님을 찬양하려면 겸손이 필요합니다. 원하는 모든 것을 가질 수 있는 권리를 내려놓아야 합니다.

가장 풍요로웠던 시절은 언제였나요?

어떤 면에서 보면 60대 이후에는 그 어느 때보다 더 많은 것을 제공할 수 있습니다. 여러분은 엄청난 양의 인생 경험을 축적했습니다. 시행착오를 통해 수천 가지 교훈을 얻었습니다. 예전만큼 어리석지도 않습니다. "늙으면 지혜가 생기고, 오래 살면 이해심이 생깁니다."는 말이 있습니다. 인생의 후반부는 지혜, 경험, 실질적인 도움, 돈 등 내가 가진 모든 것을 다음 세대에게 물려줄 수 있는 시기입니다. 저는 자녀의 나이와 상관없이 계속 베풀려고 노력합니다.

많은 지식을 모았다고 해도 듣고 싶어하는 사람들과만 공유할 수 있습니다. 아하! 겸손하게 성장할 수 있는 또 다른 기회입니다. 대부분의 경우, 여러분은 성장한 자녀에게 전수해 줄 유용한 아이디어를 가지고 있습니다. 하지만 청소년과 성인 자녀는 여러분의 의견을 듣는 데 한계가 있습니다.

"땅에 거하며 선을 행하라." 루비처럼 그냥 선을 행하십시오. 가족, 교회, 지역사회에 선한 일을 하십시오. 바닥을 쓸고, 설거지를 하고, 성인 자녀를 돌보면서 휴식을 취하십시오. 다른 사람의 짐을 덜어주고 스트레스를 덜어주는 간단한 봉사 활동을 하십시오. 예수님이 거꾸로 세우신 왕국에 동참하여 궂은일을 하면서 기쁨을 누려보십시오. 이 모든 것이 예수님의 일입니다. 시간과 에너지를 나눔으로써 우리는 자신의 문제에서 눈을 떼고 더 많은 평화를 찾을 수 있습니다.

'하나님의 주머니 속의 동전'이라는 비유를 기억하십시오. 행복은 예수님이 부어주신 하나님의 사랑, 즉 동전 한 닢, 한 푼을 사용하는 데서 찾을 수 있습니다. 기쁨은 다른 사람을 섬기는 데 자신을 던지는 데서 찾습니다. 제가 가장 좋아하는 사례 중 하나는 전 미국 대통령인 지미 카터(Jimmy Carter)가 해비타트에서 한 일입니다. 해비타트는 가난한 사람들을 위해 단순하고 품위 있고 저렴한 주택을 짓는 데 전념하고 있습니다. 이들은 여러 나라의 빈곤 주택 문제를 해결해 왔습니다.

지미와 로잘린(Rosalynn) 카터 부부는 1984년 해비타트의 저명한 후원자로 참여했습니다. 이들은 기금 모금과 홍보는 물론 실제 주택 건설에도 참여했습니다. 2008년 허리케인 카트리나와 리타로 피해를 입은 걸프 연안 지역과 2009년 동남아시아 여러 국가에서 재건을 위한 프로젝트를 주도적으로 이끌었습니다. 지미 카터는 미국 정부에서 가장 높은 자리에 오른 후 하나님께 "다음은 무엇인가요?"라고 물었고, 사람들을 돕기 위해 매우 실제적인 일을 했습니다.

자녀를 위한 저축

바울은 고린도를 방문하기 위해 자신의 돈을 저축하는 것에 대해 이야기합니다. "이제 나는 세 번째로 당신을 방문할 준비가 되어 있으며, 내가 원하는 것은 당신의 소유가 아니라 당신이기 때문에 당신에게 짐이 되지 않을 것입니다. 결국, 자녀는 부모를 위해 저축할 필요가 없고 부모는 자녀를 위해 저축해야 합니다."

바울은 신앙 안에서 연로한 아버지와 어머니에게 모범을 보이고 있습니다. 재력이 있는 노년층은 당연히 도움이 필요한 어린 자녀를 돌봐야 합니다. 여러분의 도움이 필요한 국가나 교회로 봉사 여행을 떠날 수 있는 재정적 여유가 있다면, 여행을 떠나는 것을 고려해 보십시오. 현지 초등학교에서 학생들을 가르치는 것이 '사역 여행'일 수도 있습니다. 지역 양로원을 방문하는 것일 수도 있습니다. 자녀를 돕기 위해 전국을 비행하는 것일 수도 있습니다.

인생의 짧은 궤적을 즐거운 기대감으로 받아들여 앞으로 다가올 일들을 기대하십시오. 하나님은 선하시며, 여러분을 향한 그분의 지상과 하늘의 계획이 선하다는 것을 아십시오. 믿음과 기대를 가지고 지상의 삶이 끝날 때를 준비하십시오. 지상에서의 시간을 최대한 활용하고 지상 생활의 후반부 내리막길에서 하나님 안에서 계속 성장하십시오.

> "저는 작지만, 크신 하나님... 제가 얻지 못한 이 모든 큰 축복을 보십시오. 당신은 너무 위대하고 저는 너무 작습니다. 당신은 너무 강하고 저는 너무 약합니다. 제가 항상 감사할 수 있도록 도와주세요. 당신 앞에 엎드립니다."

19장
겸손의 길에 머물기

> "인생은 겸손에 대한 긴 교훈입니다."
>
> 제임스 매튜 배리 경(Sir James Matthew Barrie)

> "세상은 우리에게 성공과 권력, 돈을 추구하라고 하지만 하나님은 겸손과 봉사, 사랑을 추구하라고 말씀하십니다."
>
> 프란치스코 교황(Pope Francis)

'겸손'을 어떻게 요약할 수 있을까요? 지난 40년간의 신앙을 돌아보고 미래를 내다보며 겸손하게 인생의 긴 길을 걷는 것에 대한 제 생각을 정리해 보았습니다.

예수님을 선택하면 우리는 자동적으로 그분의 평생 겸손 학교에 등록됩니다. 예수님을 따르고 본받으면 자연스럽게 더 큰 겸손으로 이어집니다. 겸손하신 왕을 부지런히 따르는 한, 우리는 더 겸손해지는 방법을 발명할 필요가 없습니다. 인생의 여정에는 교만 대신 겸손을 선택하도록 우리를 초대하는 수많은 장애물과 충돌이 있습니다. 믿음과 사랑, 겸손이 있으면 희망과 평화가 가득한 앞으로의 길이 있습니다.

하나님의 겸손 교과서에는 여러 장으로 구성되어 있습니다. 젊은 성인 자녀들이 의미 있는 일을 찾고 스스로를 부양해야 하는 어려움과 씨름하는 모습을 지켜보면서, 저도 그 시기가 얼마나 힘들었는지 기억합니다. 청소년기를 지나 성인이 되는 과정은 도전으로 가득 차 있습니다. 하지만 가장 힘든 시기는 하나님을 만나는 시간으로 가득할 수 있습니다. 성인이라는 미지의 바다를 항해하는 것은 하나님의 마음속으로 계속 뛰어들면 영적 성장을 가져다주는 연단의 도가니입니다. 10대 후반과 20대 초반에 하나님을 아는 것이 비약적으로 성장한 이유는 그분께 목숨을 걸고 매달린 첫 경험이었기 때문입니다. 그분은 제가 그분의 열심 있는 제자가 되는 동안 저를 연단하고 일으켜 세우셨습니다.

26살의 나이에 하나님께서 아직 자신이 선택한 분야에서 일할 수 있는 문을 열어주지 않으셨을 때 겸손은 필수적입니다. 35세의 기혼 여성으로서 아직 아이를 임신하지 못했을 때도 겸손은 필수적입니다. 47세의 나이에 21년간 몸담았던 직장에서 해고된 경우에도 겸손이 필요합니다.

우리 모두는 살면서 '내가 원하지 않은 일'을 겪을 때가 있습니다. 그럴 때 겸손한 마음으로 주님께 "주님은 토기장이이시고 저는 진흙입니다. 저를 빚어 주옵소서."라고 고백하십시오.

예수님을 얻고 지혜와 겸손을 얻으세요

야고보는 불같은 말의 파괴적인 속성을 다룬 장에서 "너희 중에 지혜와 총명이 있는 자가 누구냐 그는 선행으로 말미암아 지혜의 온유함으로 그 행함을 보일지니라"(약 3:13)라고 말합니다. 야고보는 지혜를 얻으면 겸손이 생긴다고 말합니다. 예수님은 하나님의 말씀인 로고스입니다. 그분은 우리의 지혜이십니다. 예수님을 구할 때 우리는 겸손을 낳는 지혜를 얻습니다. 야고보는 참된 하늘의 지혜를 "순수하고, 평화를 사랑하며, 배려하고, 복종하며, 자비와 선한 열매가 가득하고, 공평하고 진실한 것"으로 묘사합니다. 이 하늘의 지혜의 특성 목록은 기본적으로 겸손에 대한 설명입니다. 겸손하게 지혜로워지는 것은 그리스도를 따르는 것과 동의어입니다. 다시 한번 겸손이라는 미덕의 근본적인 본질을 살펴봅시다.

예수님께서는 실제적인 겸손의 습관을 많이 가지셨습니다. 부활 후에는 정복하는 왕으로 높임을 받으셨지만, 지상에서는 겸손한 왕으로 걸으셨습니다. 그는 사람들을 조종하지 않았습니다. 그는 사람들의 선택의 자유를 존중했습니다. 길가의 눈먼 거지에게 기꺼이 다가갈 준비가 되어 있었고, 병든 여인이 치료받기 위해 필사적으로 자신의 겉옷을 붙잡는 것을 거부하지 않으셨습니다. 주님은 도움이 필요한 굶주린 군중을 기꺼이 수용하셨습니다. 그는 항상 아버지의 가르침에 귀를 기울이며 항상 아버지께 순종했습니다. 그는 자신의 놀라운 영적 은사를 남용하지 않았습니다. 우리가 예수님처럼 평범하고 평범한 일을 계속한다면 우리는 좋은 상태가 될 것입니다.

사랑, 우정, 그리고 놓아주기

나이가 들수록 하나님과의 우정, 그리고 모든 종류의 사람들과의 우정을 더 소중하게 생각합니다. 겸손한 사람은 하나님과의 우정을 경험합니다. 모세에 대한 두 가지 놀라운 사실은 그의 겸손과 하나님과의 대면 대화입니다. 저는 하나님과의 우정과 겸손은 상호 의존적이라고 믿습니다. 모세의 겸손한 마음이 대화의 문을 열었습니다. 그는 주님의 말씀을 듣기를 간절히 원했습니다. 시편 25편에 "여호와의 친밀하심이 그를 경외하는 자들에게 있음이여 그의 언약을 그들에게 보이시리로다"(시 25:14)는 구절이 있습니다. 이 말씀은 다른 성경에 "주님은 자기를 경외하는 자를 친히 감찰하시나이다"라고 말씀하십니다. 주님에 대한 우리의 '두려움'은 그분의 사랑하는 자녀들이 드리는 경건한 경외심과 존경으로 가장 잘 묘사됩니다.

겸손하고 기대하는 마음은 시편 123편에 나오는 이 그림에 묘사되어 있습니다. "상전의 손을 바라보는 종들의 눈 같이, 여주인의 손을 바라보는 여종의 눈 같이 우리의 눈이 여호와 우리 하나님을 바라보며 우리에게 은혜 베풀어 주시기를 기다리나이다"(시 123:2) 하나님은 지혜의 샘이시며, 언제 어디서나 경건하게 자신을 기다리는 사람들에게 언제나 말씀하시고 자신을 드러내실 준비가 되어 계십니다. 모세에게 말씀하셨던 것처럼 우리에게 '얼굴을 맞대고' 말씀하시지는 않으시겠지만, 주리고 겸손한 마음을 향해 끊임없이 지혜의 말씀을 속삭이실 것입니다.

그리스도인의 삶은 역설입니다

베풀면서 받고, 섬기면서 위대해집니다. 목숨을 내려놓을 때 비로소 자신의 삶을 찾게 됩니다. 자신을 낮추는 자는 들어 올려질 것입니다. 우리를 위해 고난을 받으시고 하나님 우편에 높임 받으신 어린 양 예수님은 겸손하셨습니다. 그분이 우리에게도 똑같이 겸손한 길을 걸으라고 부르시는 것은 놀라운 일이 아닙니다. 이 땅에서 장수를 허락 받은 신자들은 겸손하신 분을 본받기 위해 배움의 마라톤을 달립니다. 그분은 우리를 영광에서 영광으로 인도하시며, 우리가 모든 것을 내려놓으면 모든 것을 누릴 수 있습니다.

바울이 고린도 교인들에게 한 가르침이 그 예입니다. 미성숙했던 고린도 교회의 문화는 겸손하게 살기보다는 유명해지려고 애쓰는 것이었습니다. 고린도 교회에서 어느 분파가 더 위대한지 다투고 있을 때 바울은 그들에게 "그런즉 누구든지 사람을 자랑하지 말라 만물이 다 너희 것임이라 바울이나 아볼로나 게바나 세계나 생명이나 사망이나 지금 것이나 장래 것이나 다 너희의 것이요 너희는 그리스도의 것이요 그리스도는 하나님의 것이니라"(고전 3:21-23)고 말했습니다.

바울은 심각한 FOMO(실패에 대한 두려움)를 가진 이 공동체에게 "서로 마음을 같이하며 높은 데 마음을 두지 말고 도리어 낮은 데 처하며 스스로 지혜 있는 체 하지 말라"(롬 12:16)라고 말합니다. 고린도교회 신자들은 자신을 높이려는 마음을 버리자마자 다른 지도자와 추종자들과 충돌하는 대신 그들을 인정할 수 있었습니다. 나만의 방식을 갖는 것을 내려놓는 것이 사람들과의 우정, 그리고 하나님과의 우정의 열쇠입니다.

신앙 공동체에서 다른 사람들과 연결되는 것을 더 많이 받아들일수록 다른 사람들이 빛나는 것을 보면서 더 많은 기쁨을 얻습니다. 바울은 자기중심적인 고린도 교인들에게 이렇게 말합니다. "자만하지 마십시오." 그는 그들에게 외부를 바라보는 것, 즉 베풀면서 받는 역설에 대해 가르치고 있었습니다. 우리 삶이 나 자신이 영화의 주인공이 되지 않을 때, 우리는 다른 등장 인물들에게 감사할 수 있습니다. 구원의 이야기라는 큰 우산 아래 내 이야기뿐 아니라 내 친구와 가족, 신앙 공동체의 이야기이기도 합니다.

예수님께 묶여 있는 자유

라빈드라나트 타고르(Rabindranah Tagore)는 1861년에 태어난 인도의 시인, 음악가, 작가, 예술가입니다. 어린 시절부터 시를 쓰기 시작하여 평생 동안 수천 편의 시, 노래, 소설, 단편 소설, 그림, 스케치 등을 창작했습니다. 고향인 벵골 주에서 널리 알려진 그는 '벵골의 음유시인'으로 기억되기도 합니다.

타고르는 자유의 역설적인 본질을 묘사하기 위해 바이올린 줄의 예를 사용했습니다. 타고르는 "내 테이블 위에 현이 하나 있습니다."고 썼습니다. "이 줄은 내가 원하는 방향으로 자유롭게 움직일 수 있습니다. 한쪽 끝을 비틀면 반응하는 현은 자유롭습니다. 하지만 노래하는 것은 자유롭지 않습니다. 그래서 저는 그것을 가져다가 제 바이올린에 고정시킵니다. 그리고 그것을 묶으면 처음으로 노래를 부를 수 있는 자유를 얻게 됩니다." 바이올린 줄이 악기에 묶일 때 아름다운 음악을 만들어내는 것처럼, 우리도 겸손하신 왕이신 예수님과 연합할 때 아름다운 음악을 만들 수 있습니다. 우리는 그분의 의로운 법과 경계에 묶여 그분의 욕망에 맞춰 움직일 때만 인생의 진정한 목적을 찾을 수 있습니다. 우리는 예수님을 본받거나 그분께 '묶여' 있을 때 자유를 찾습니다. 그래야만 우리의 삶이 예수님과 같은 노래, 즉 사랑과 겸손의 노래를 부를 수 있습니다.

마지막으로 겸손을 설명하는 그림을 하나 소개하겠습니다. 고대 근동 지역에는 인사할 때 서로에게 절을 하는 관습이 있었습니다. 그것은 "고개를 똑바로 세우고 몸을 약간 앞으로 기울인 상태에서 손을 심장, 입, 이마에 대고 경례하는 표현적인 관습"이었습니다. 이 동작의 상징적 의미는 다음과 같이 말하는 것입니다. "내 마음, 내 목소리, 내 두뇌는 모두 당신을 섬기고 있습니다." 이것이 하나님께 대한 우리의 변함없는 태도가 되기를 바랍니다.

> "주님, 우리는 당신에게 경배합니다. 우리는 당신을 섬깁니다. 우리의 마음과 목소리, 두뇌와 힘을 주님께 바칩니다. 겸손한 모범과 끊임없이 힘을 주시는 은혜와 친밀한 우정을 베풀어 주신 예수님께 감사드립니다. 우리가 주님을 전 세계에 대표할 수 있도록 도와주소서."